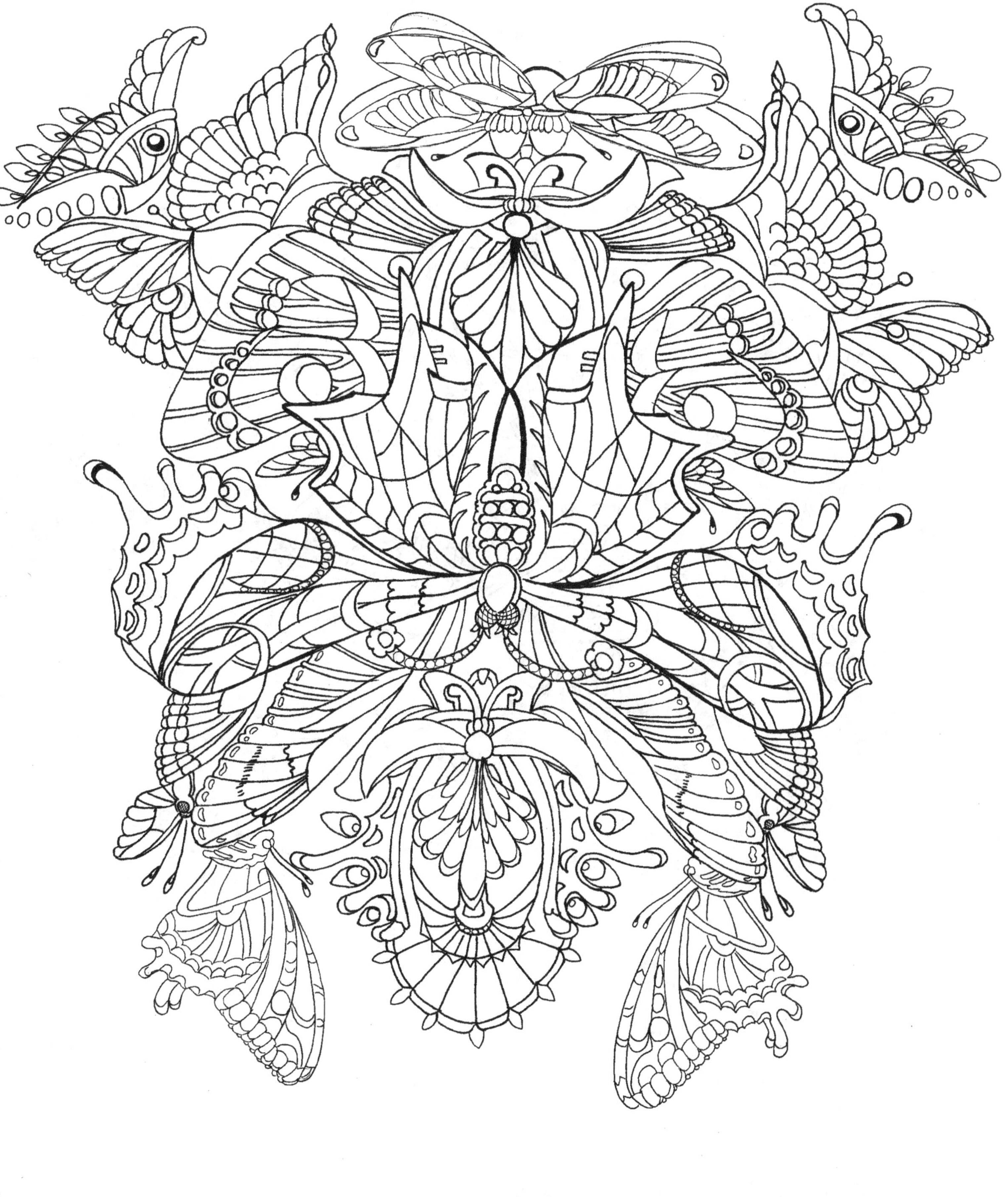

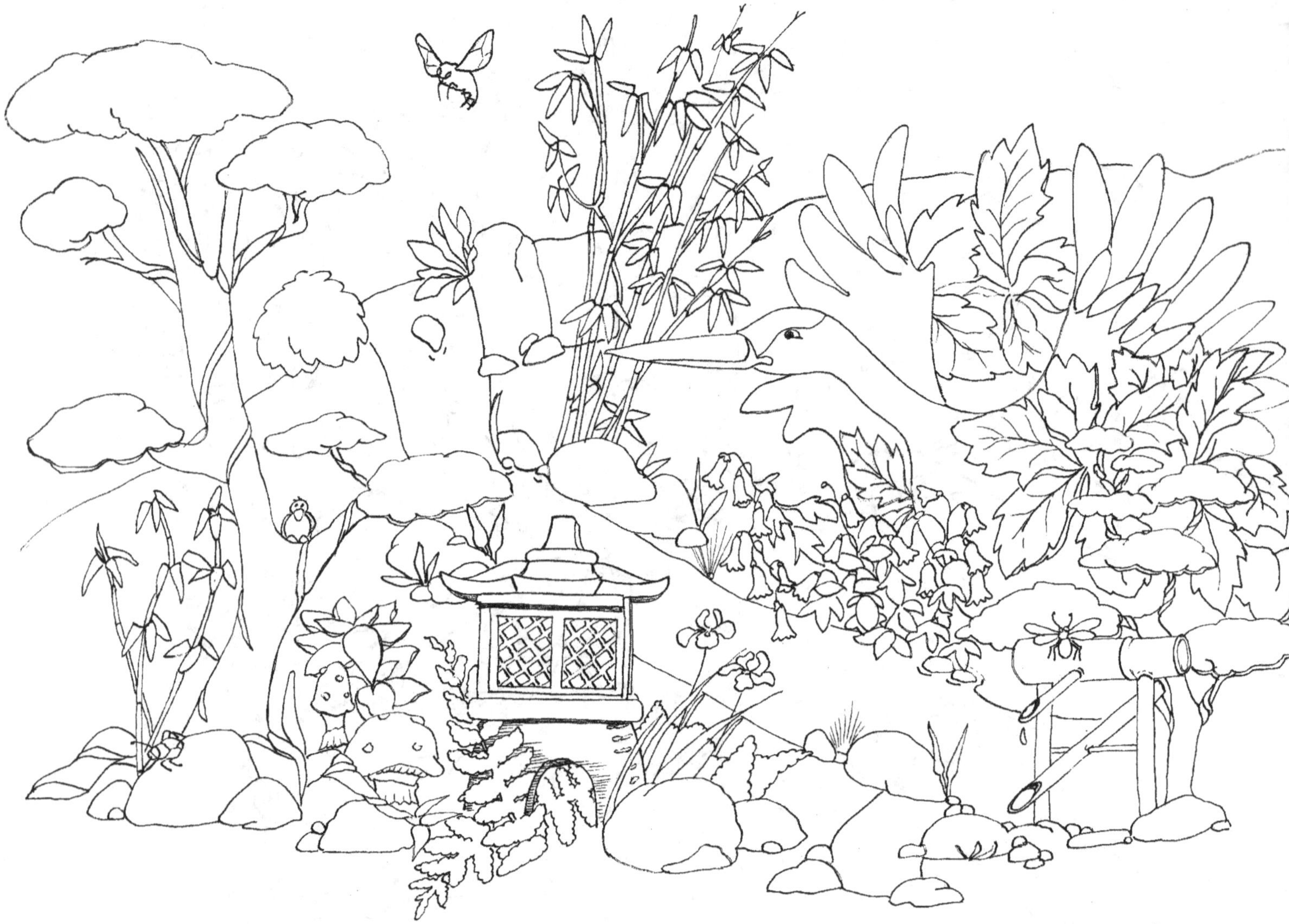

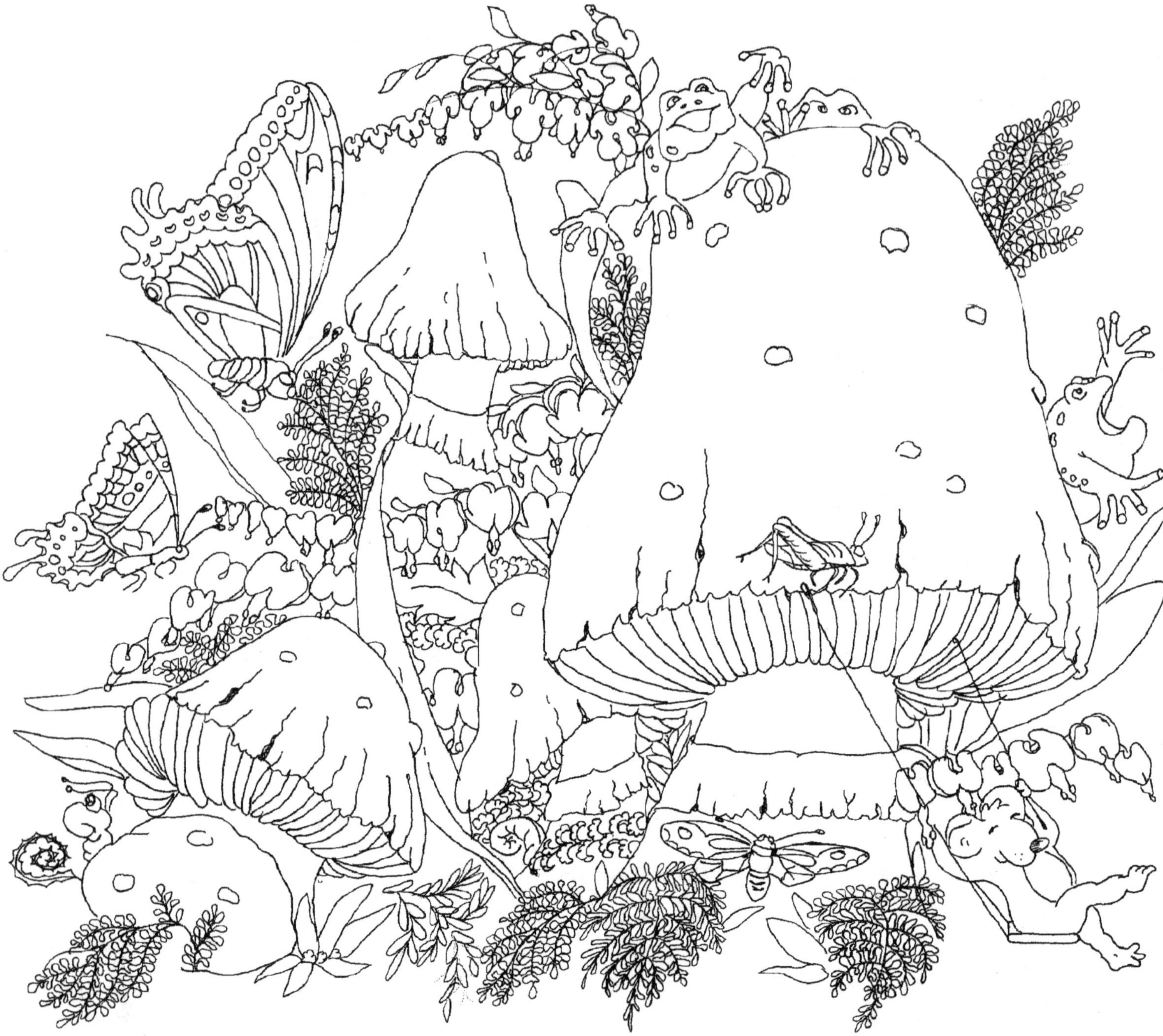

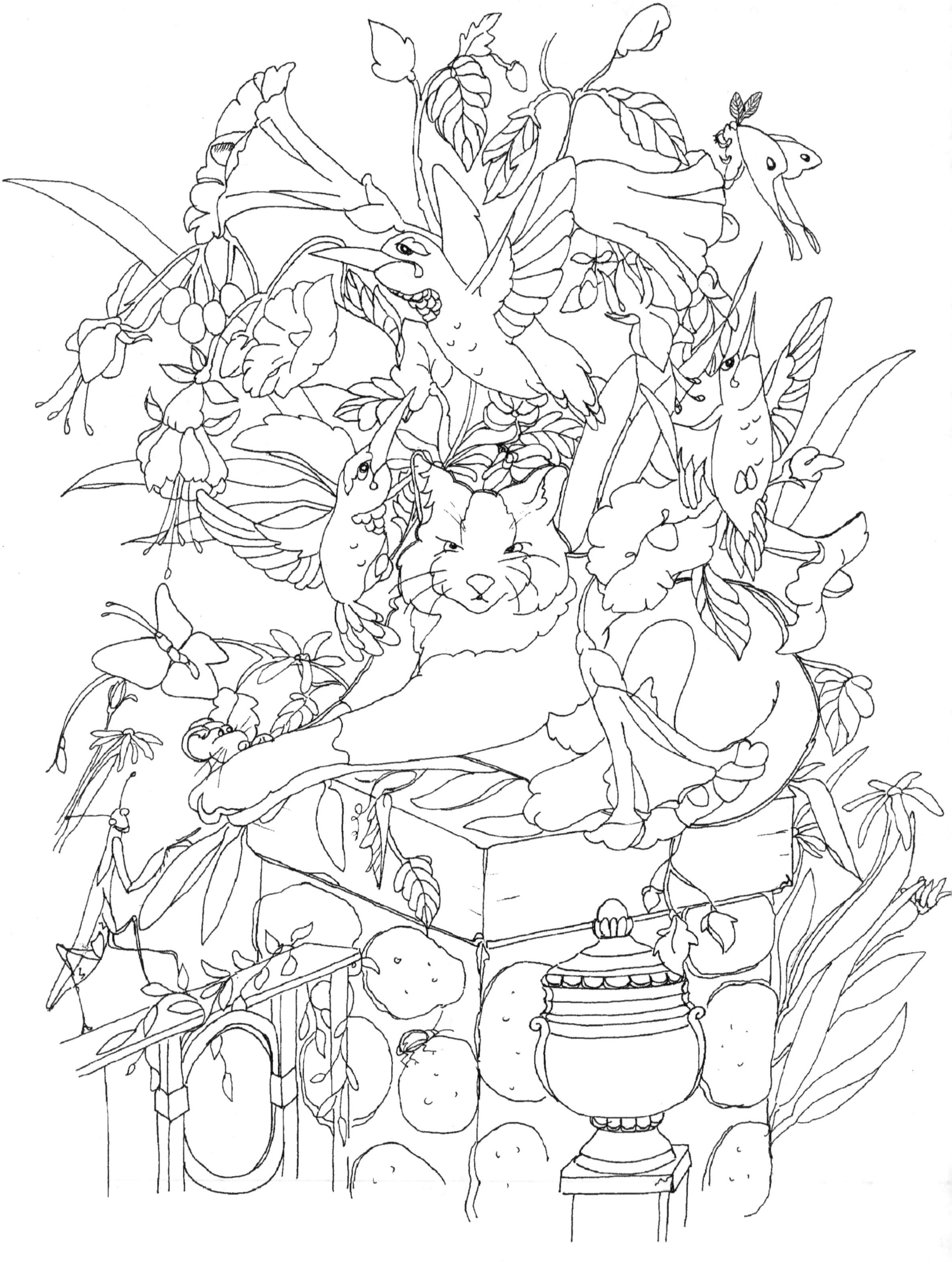

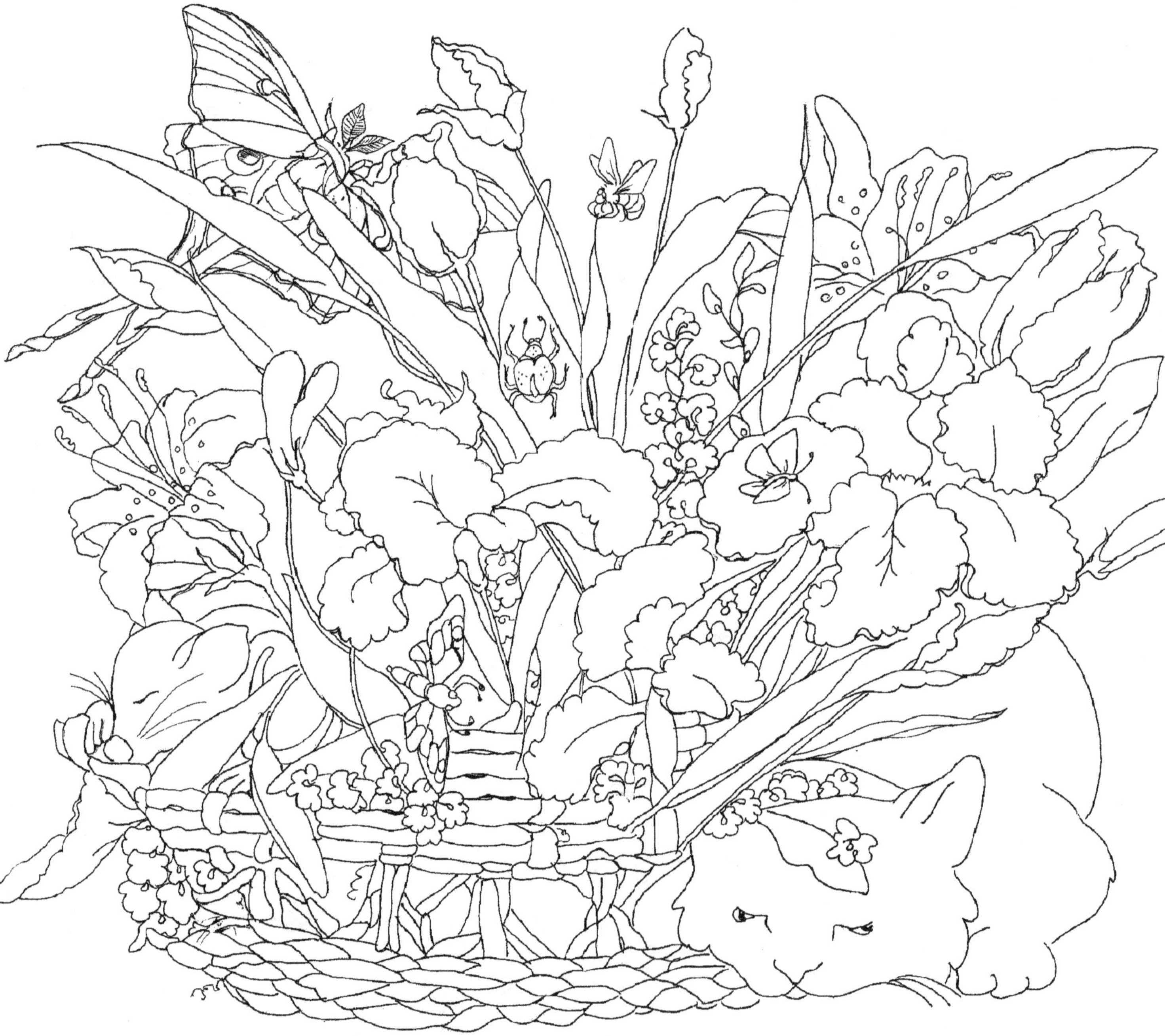

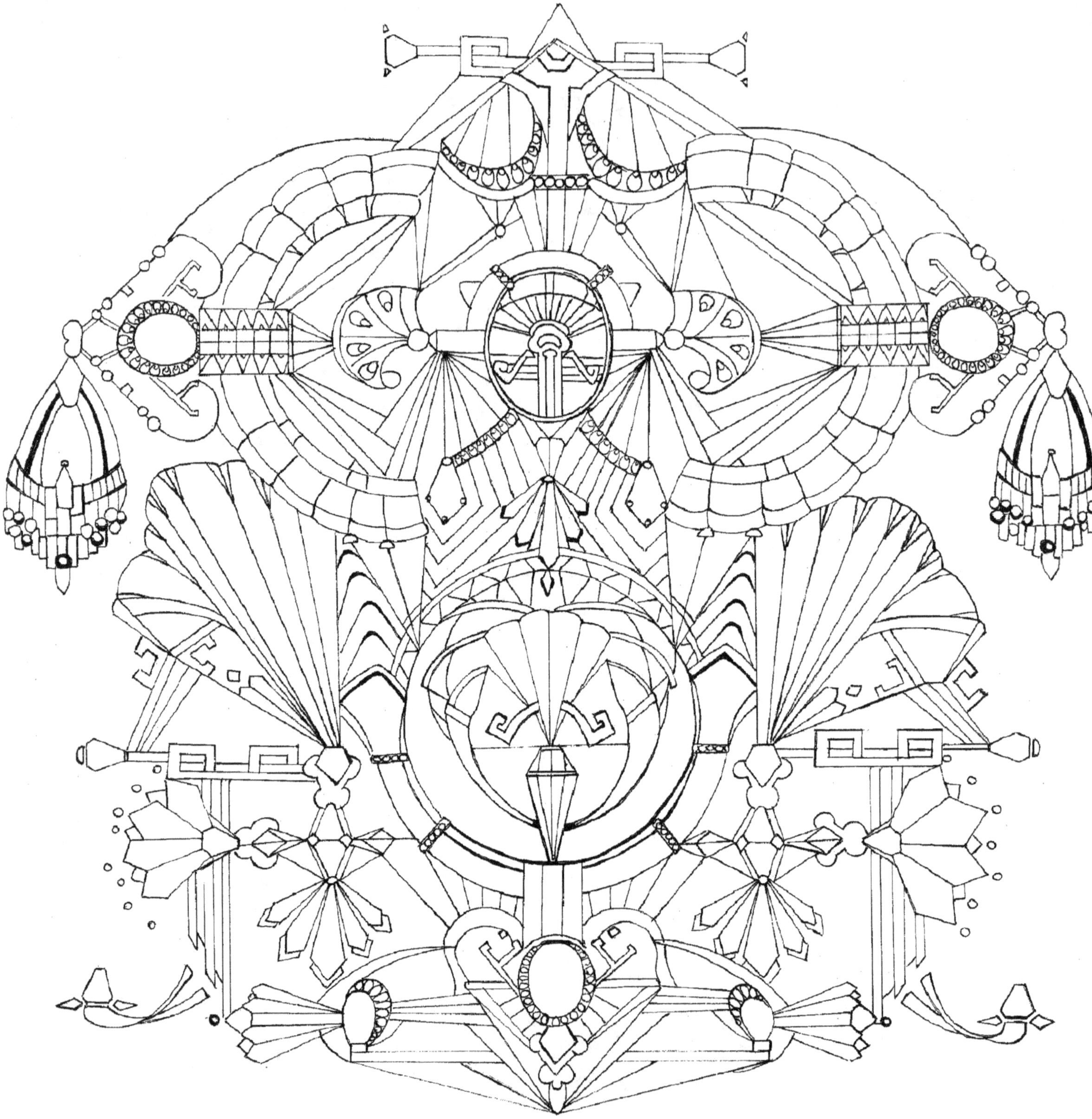

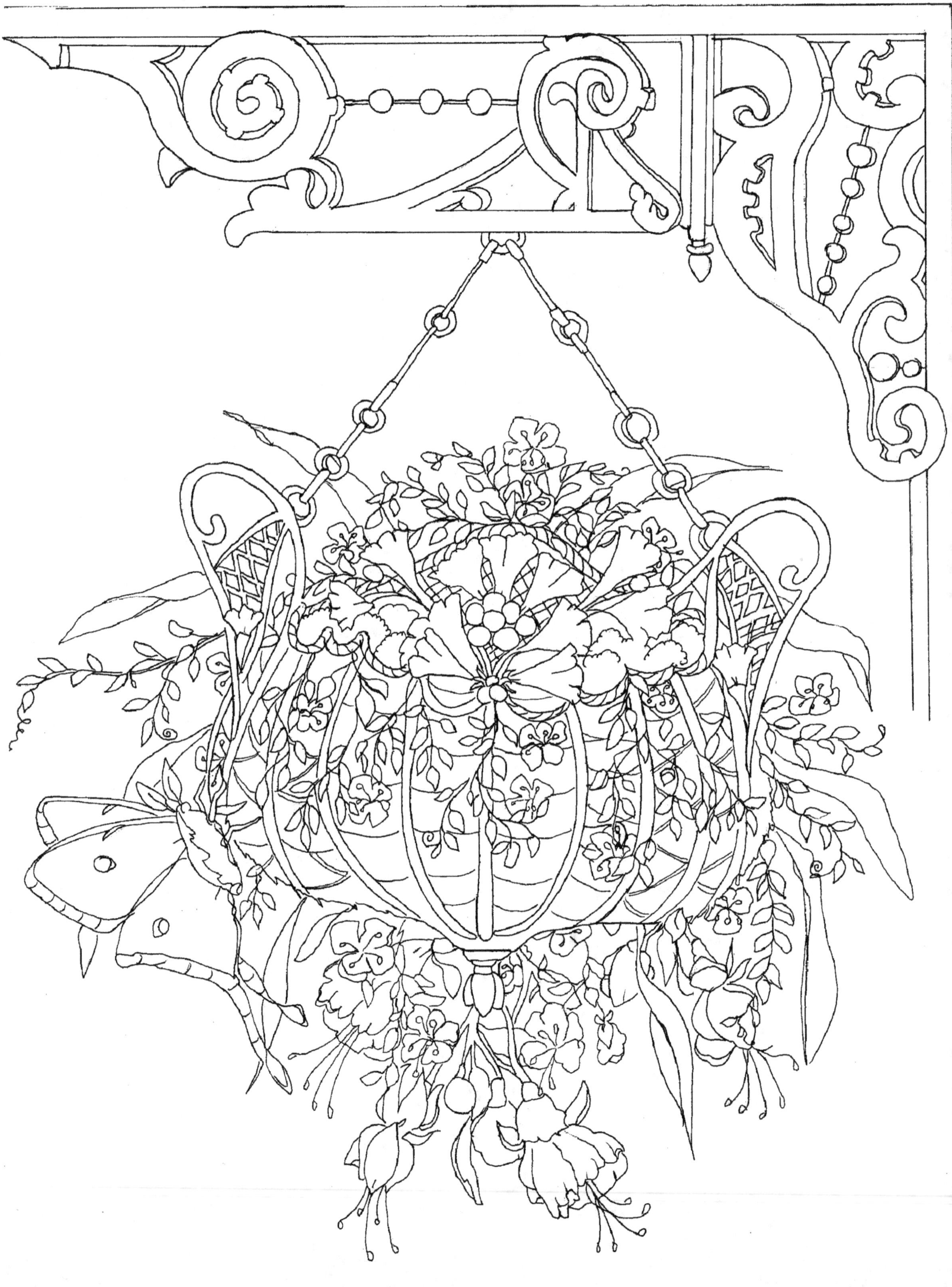

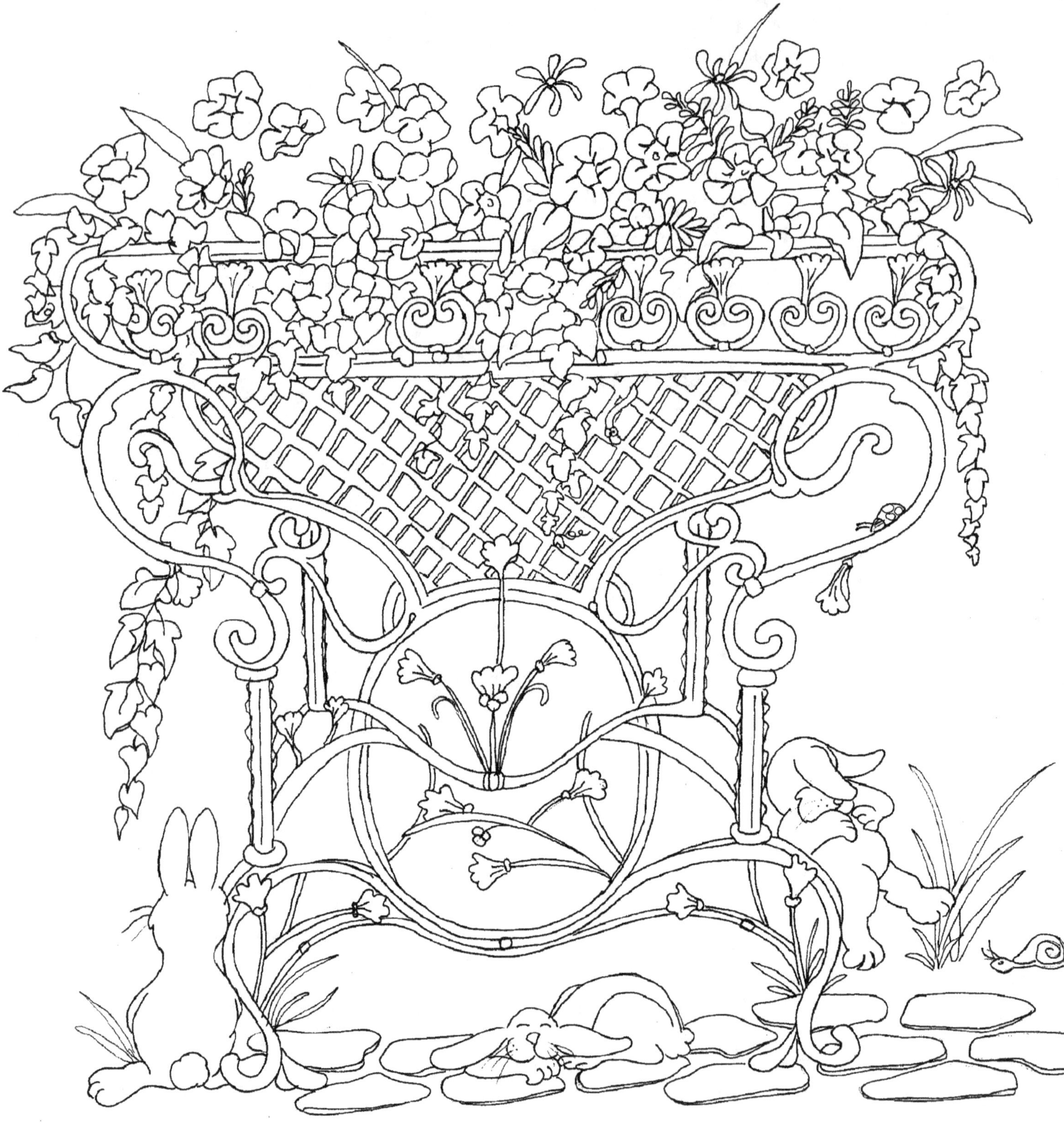

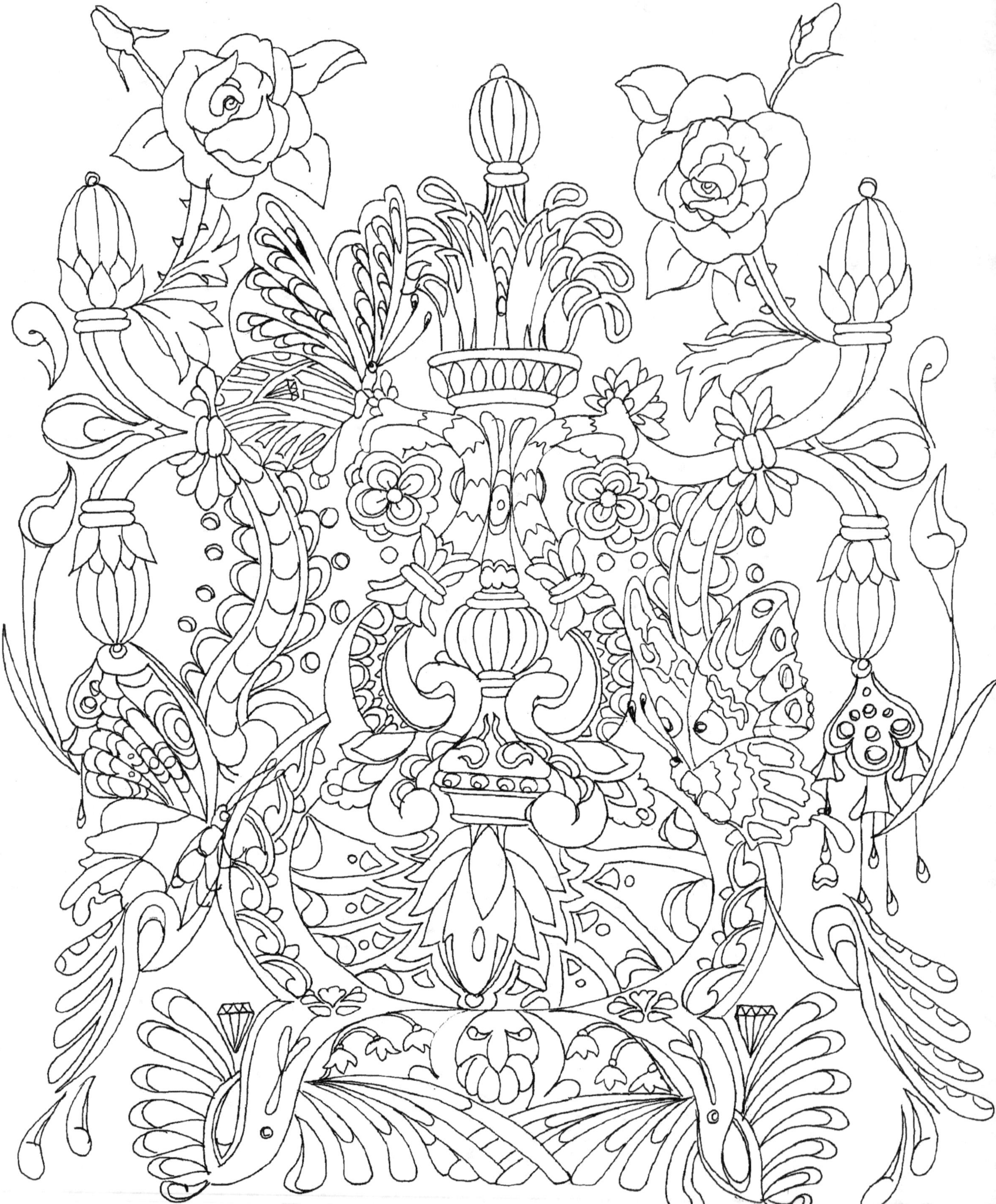

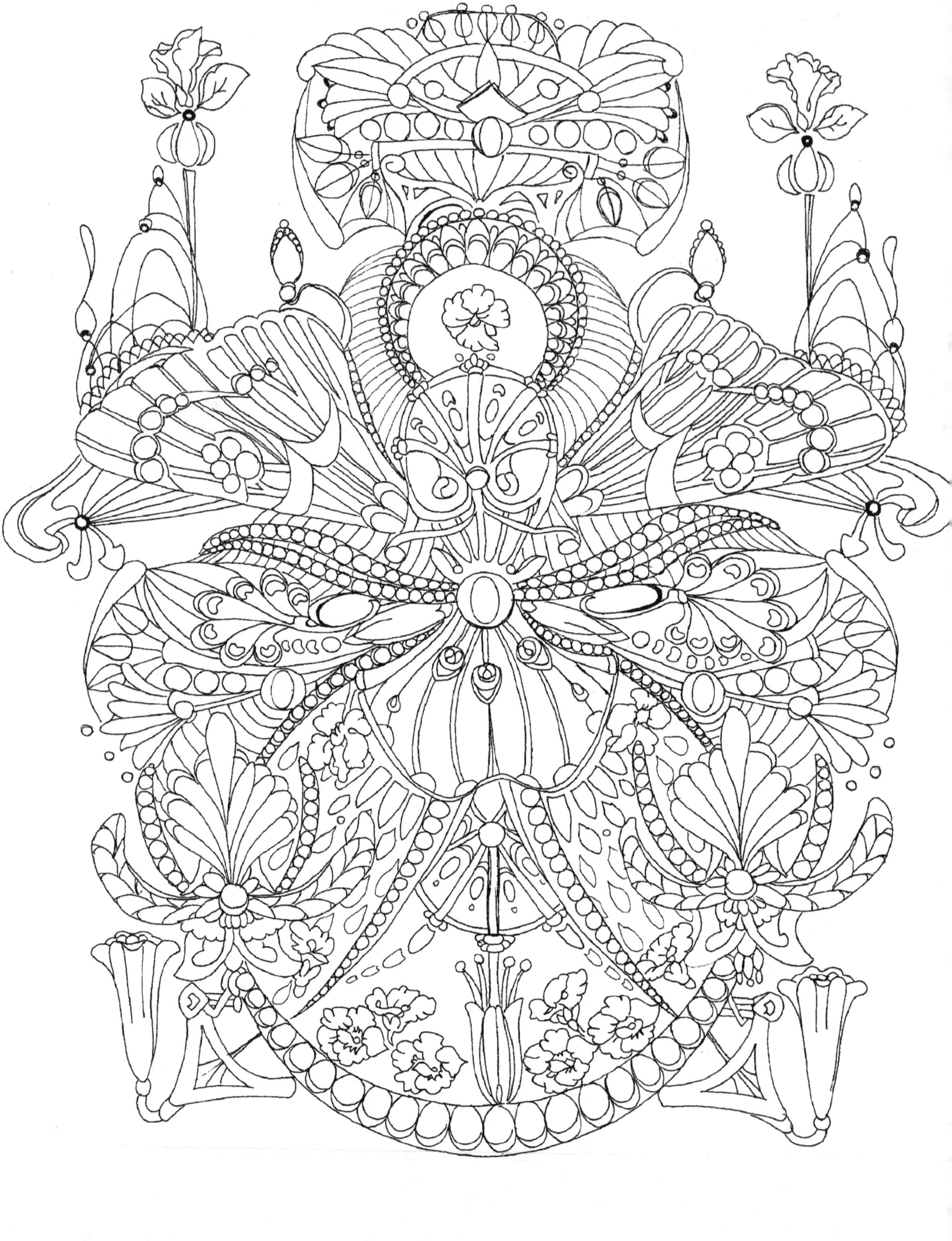

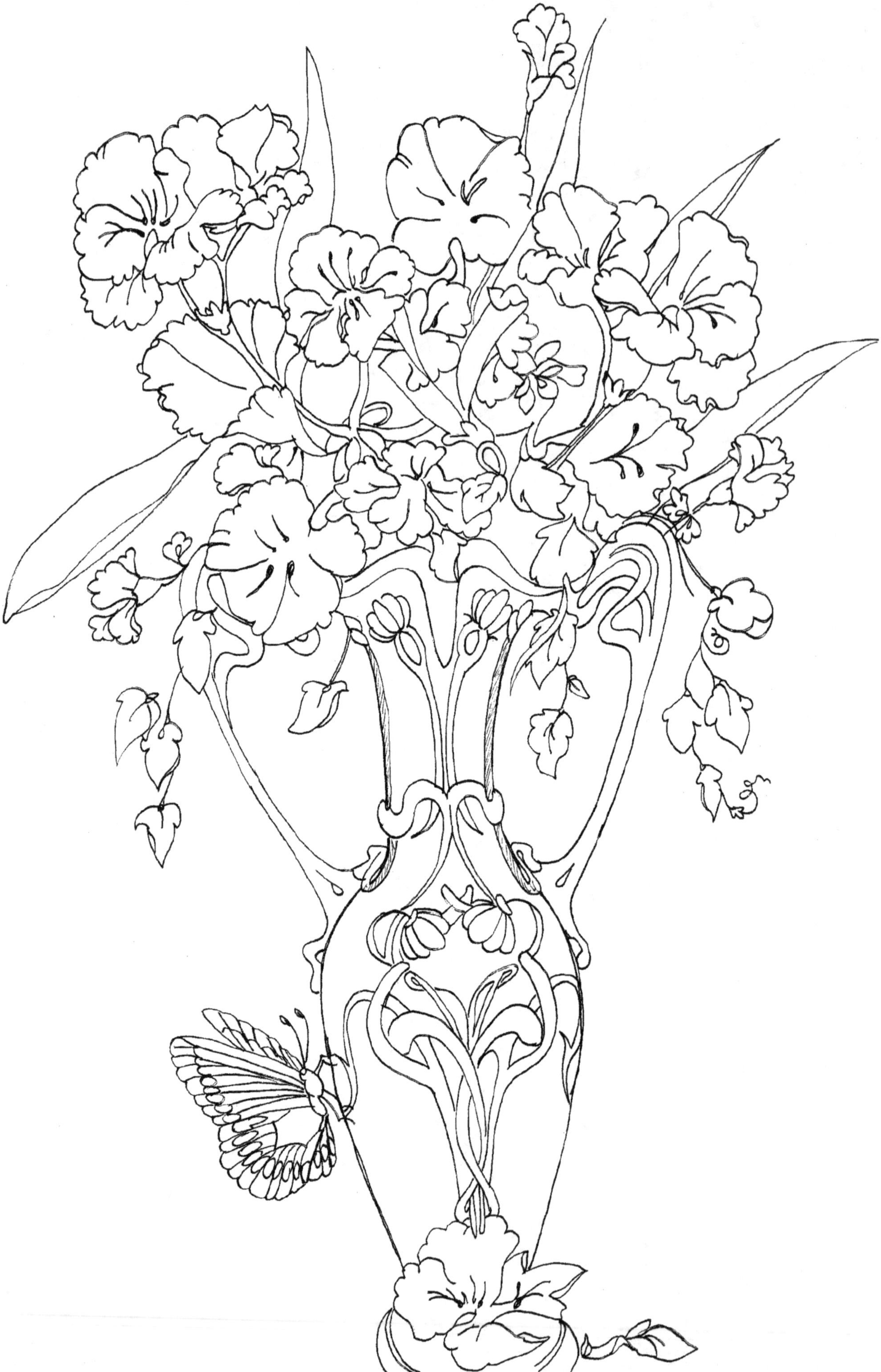

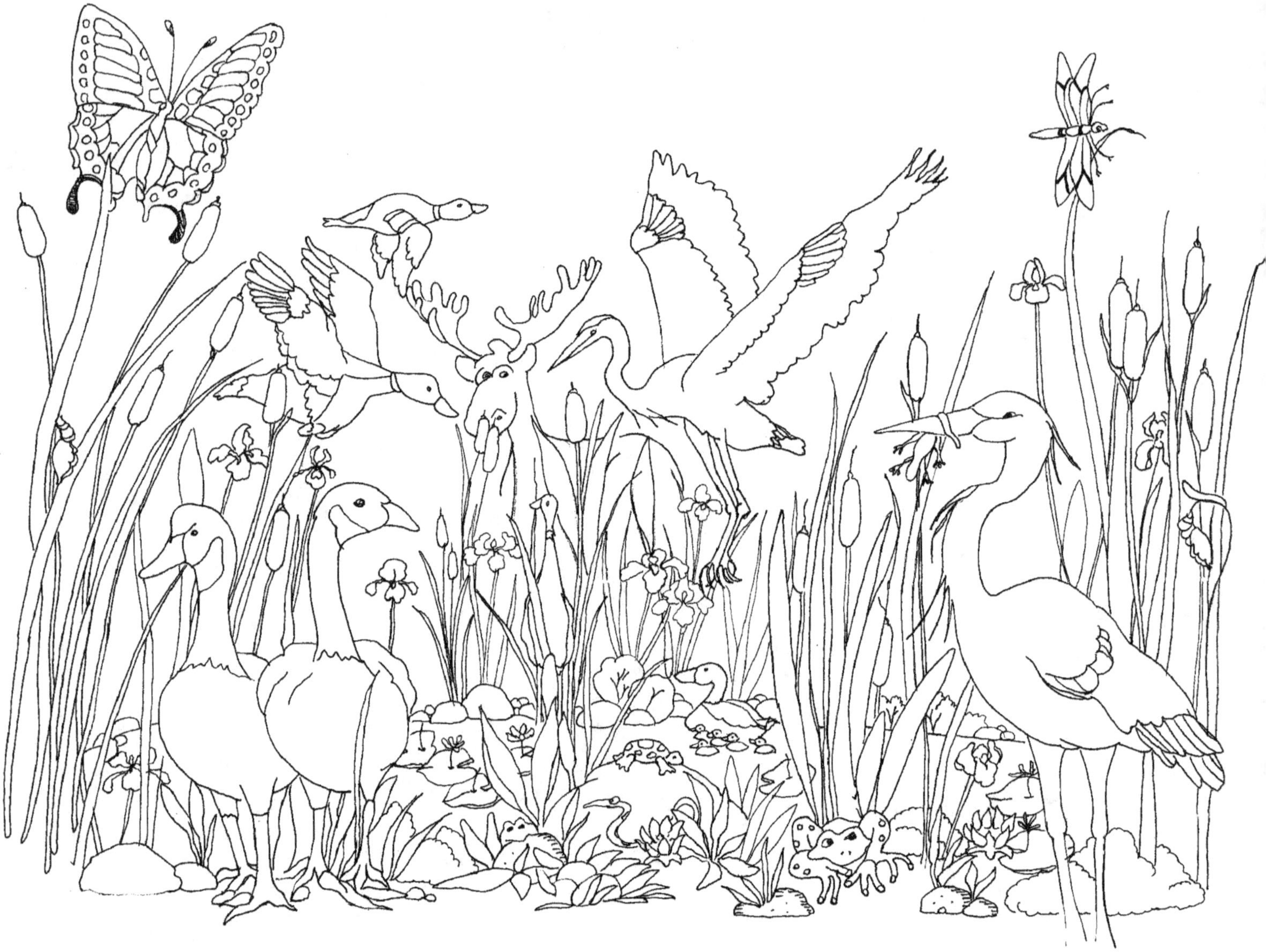

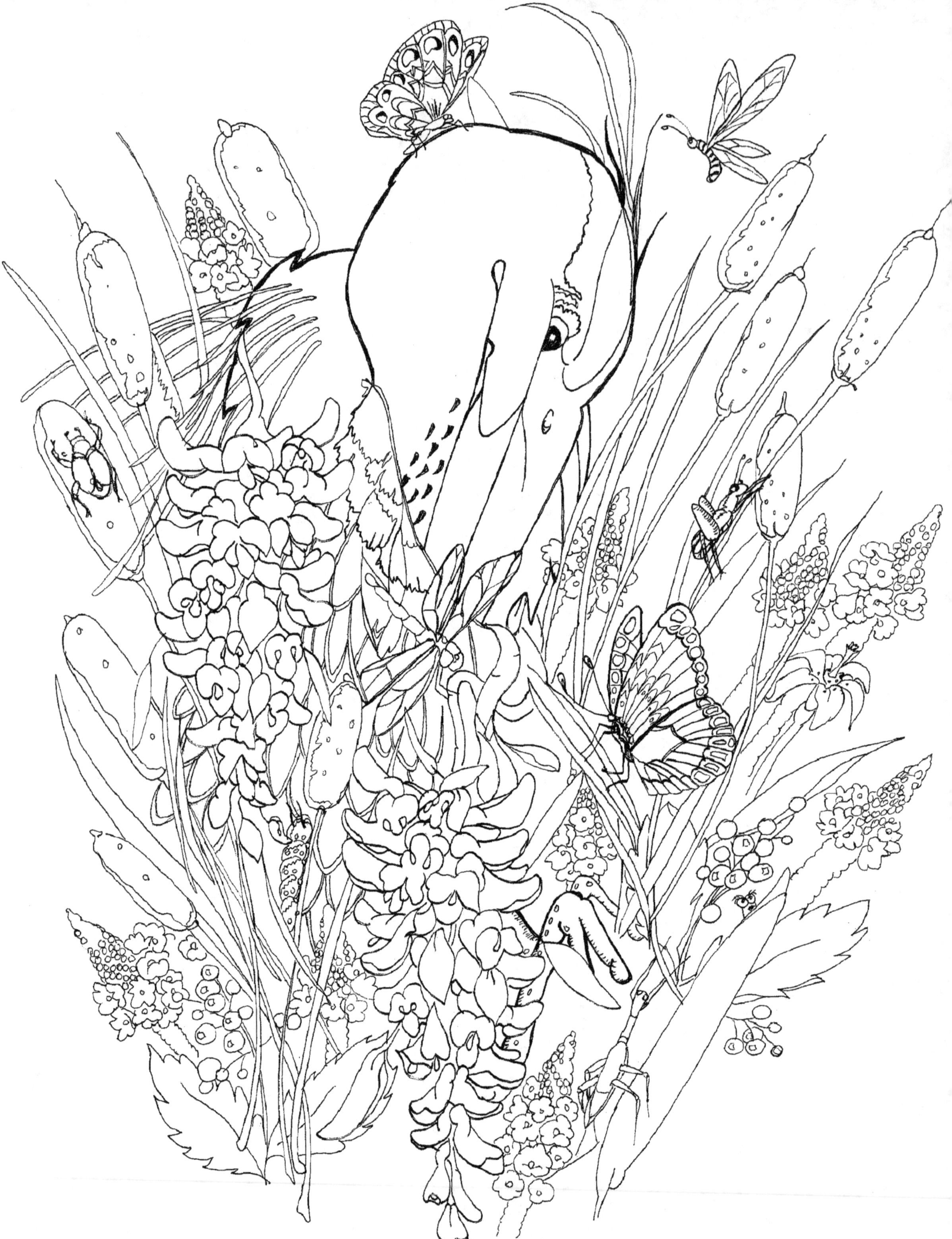

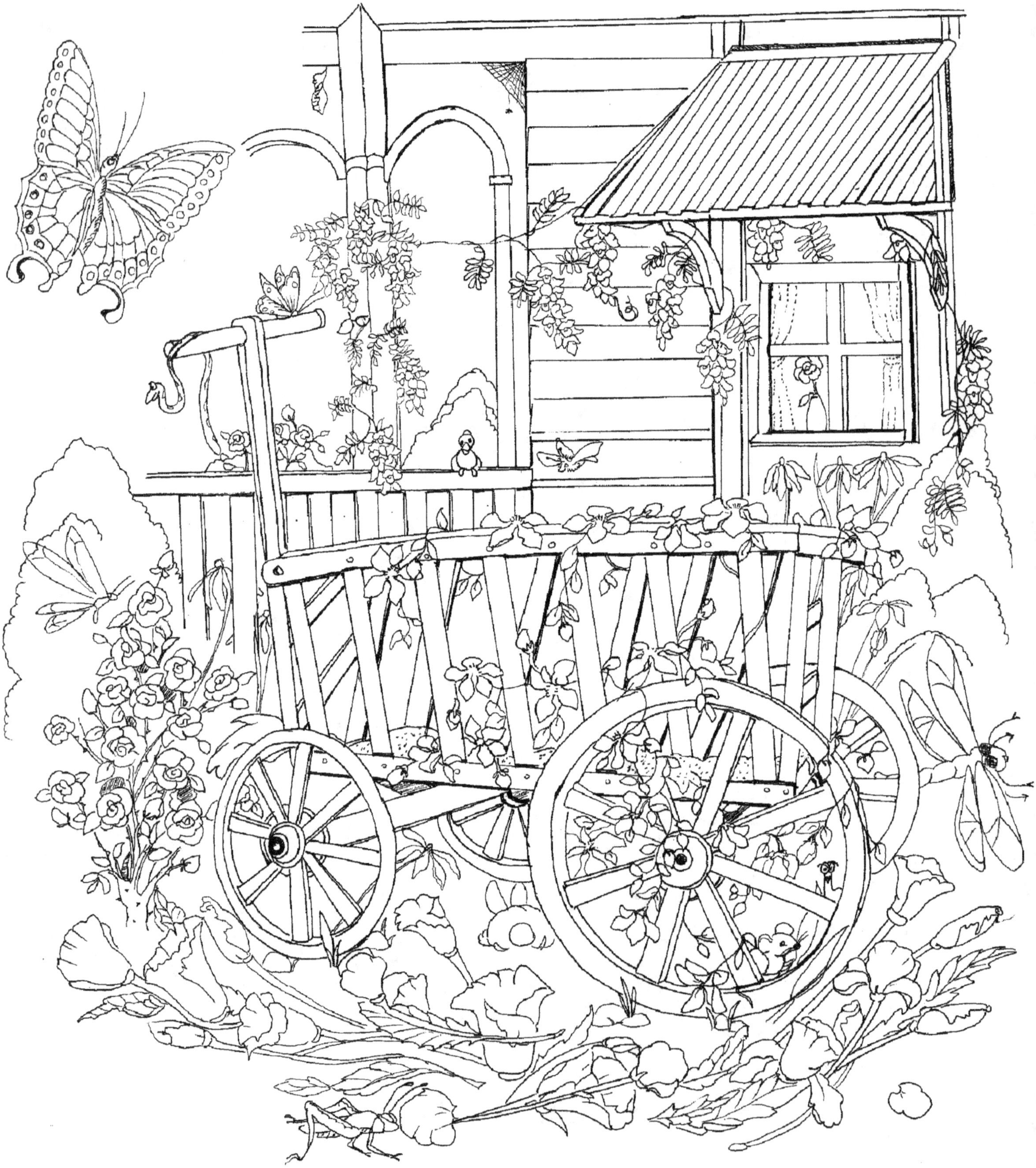

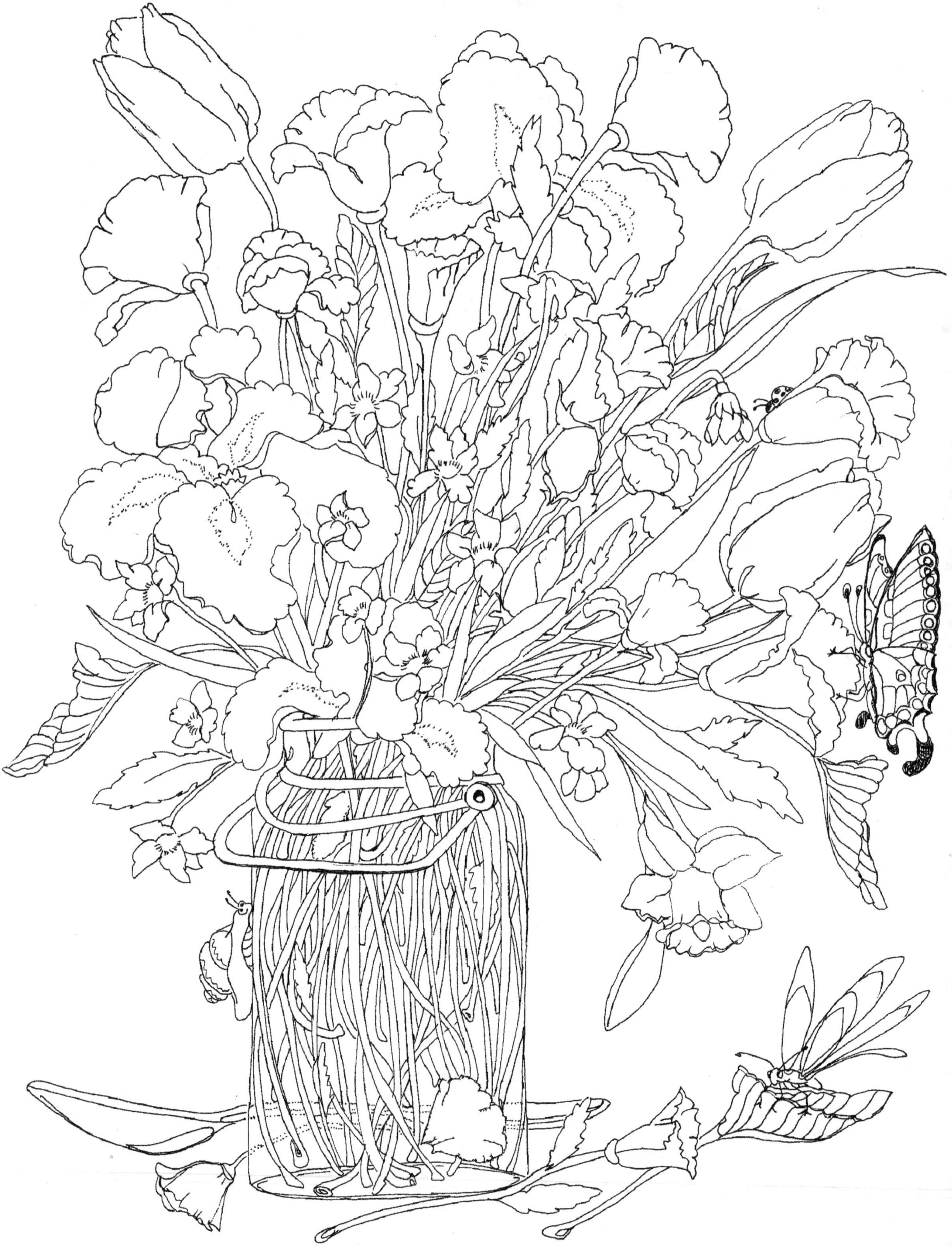

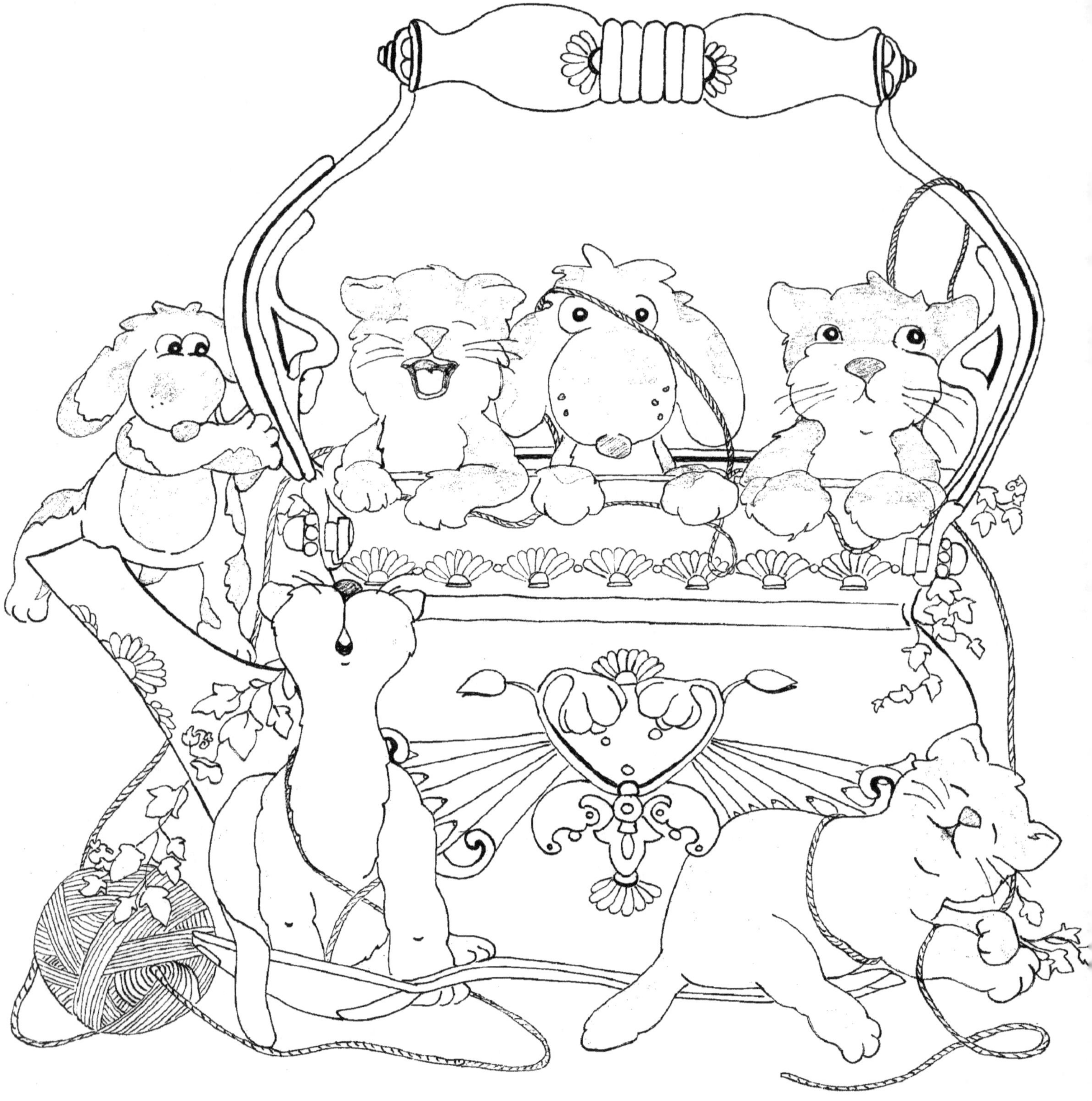

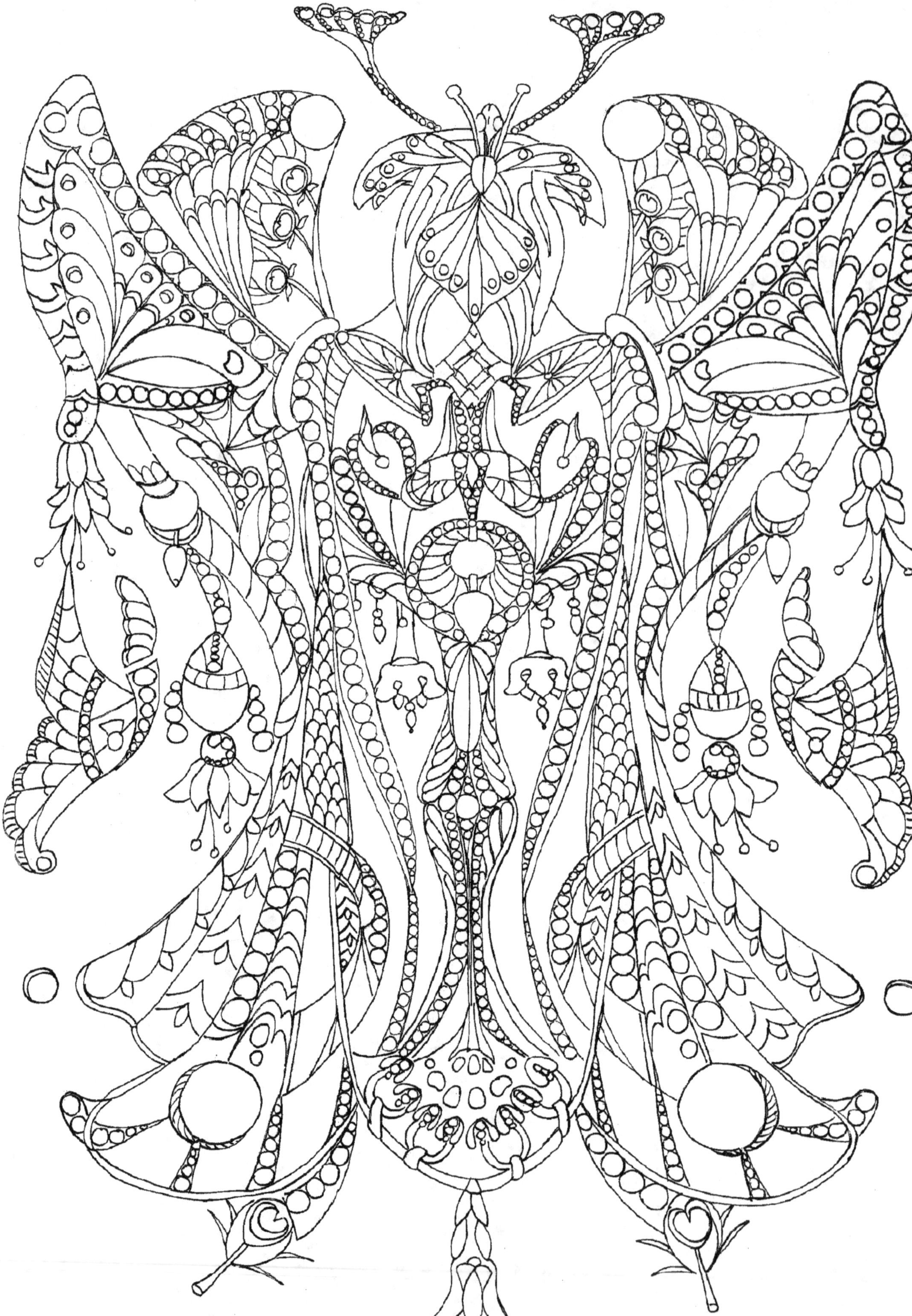

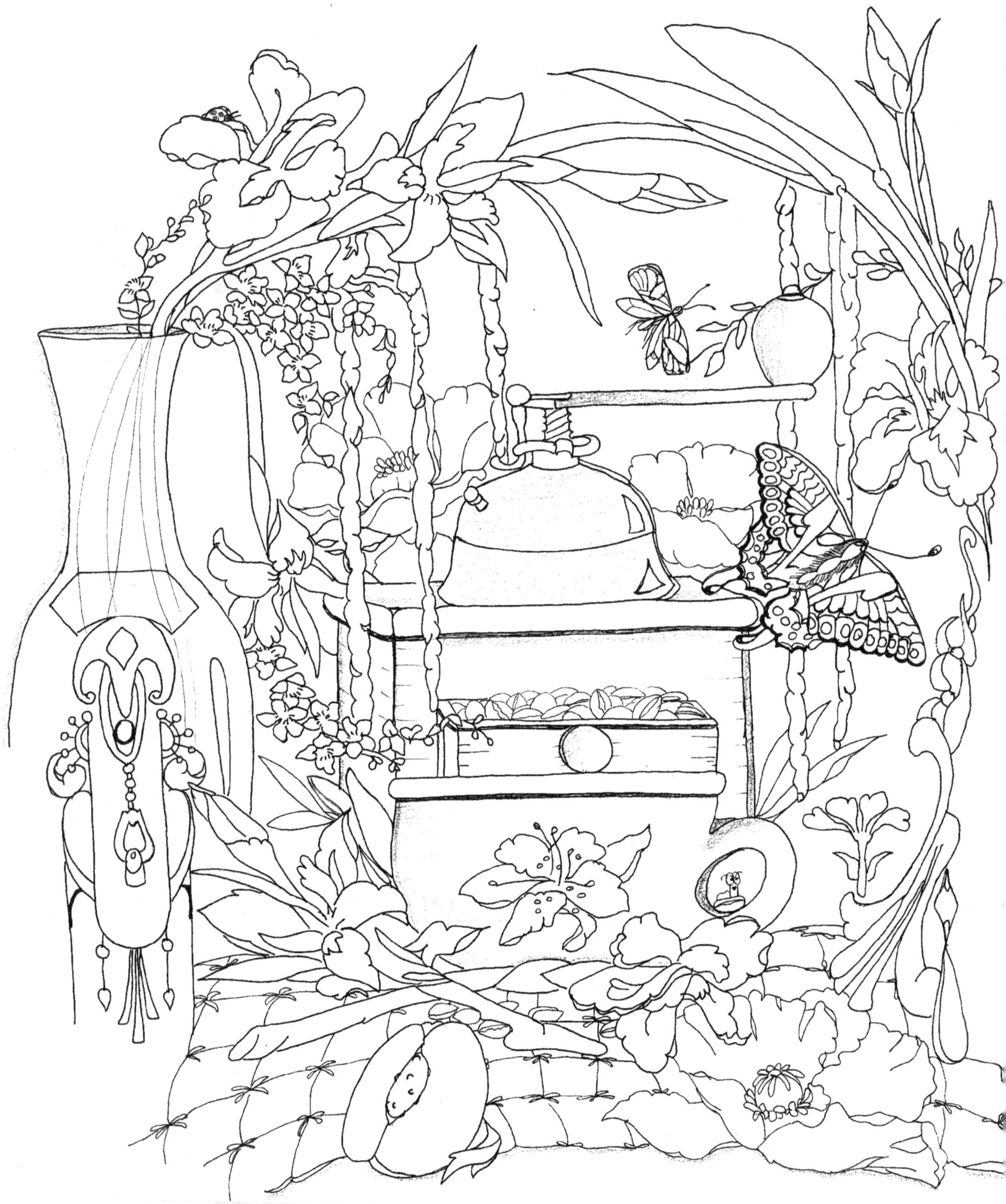

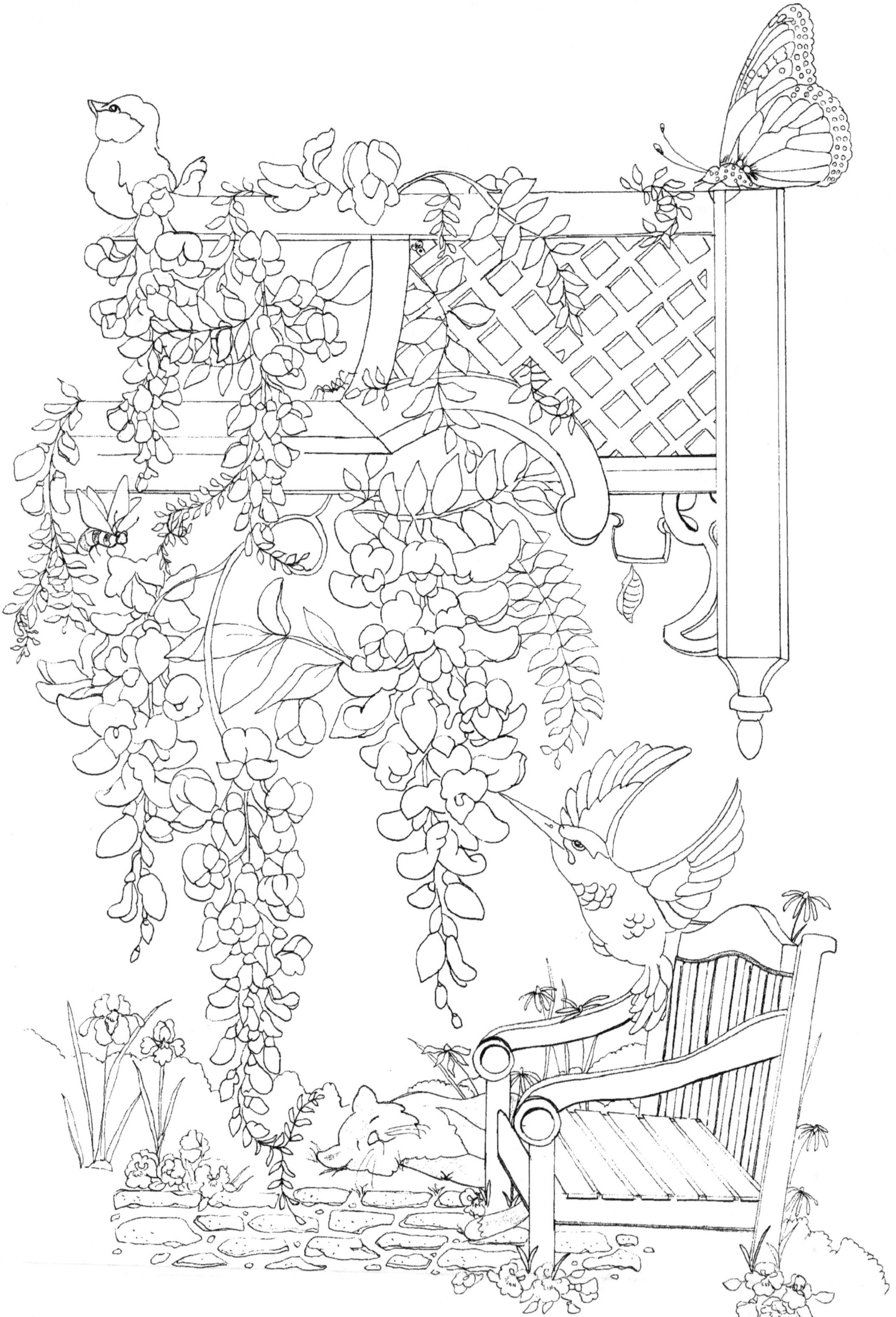

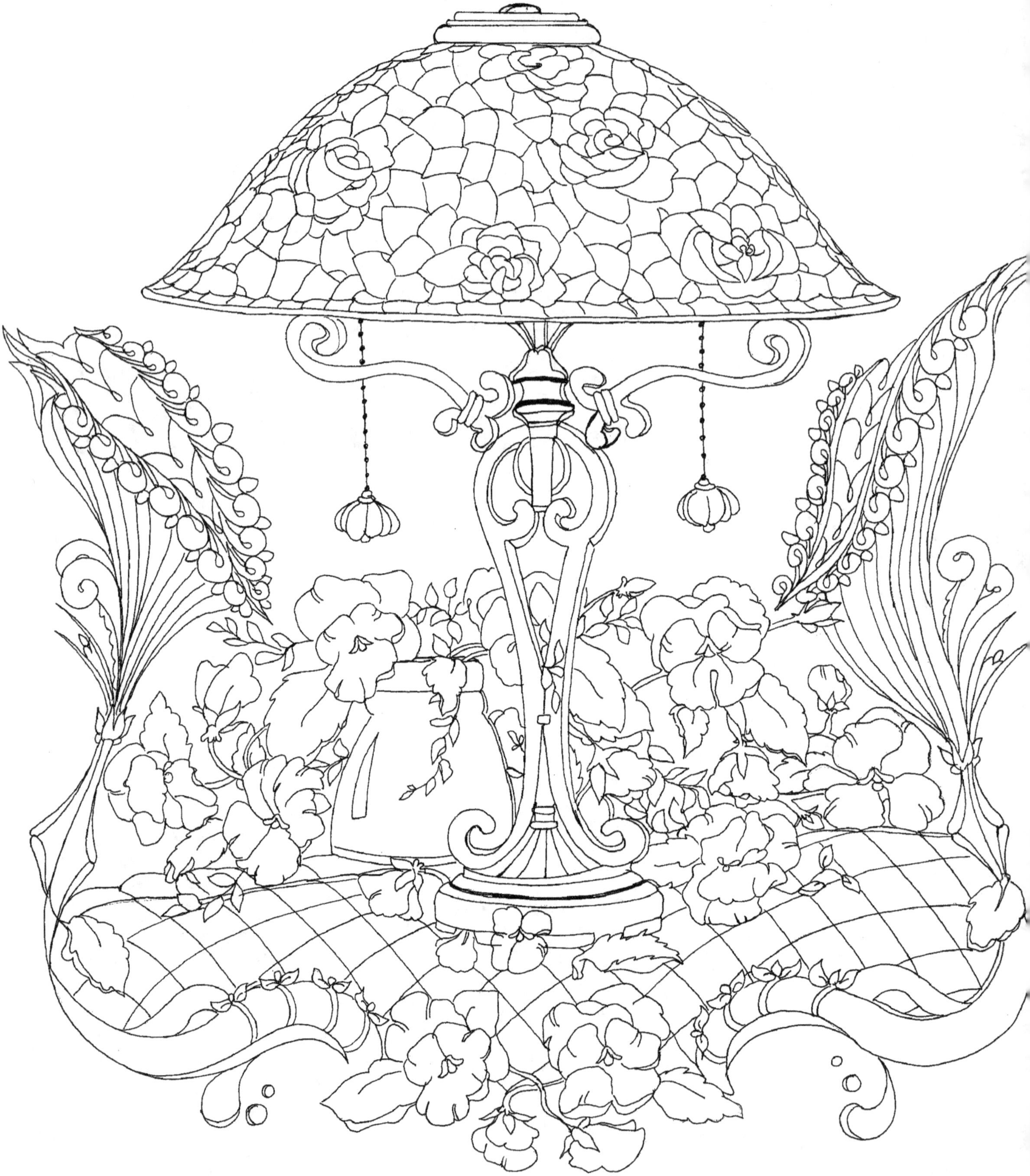

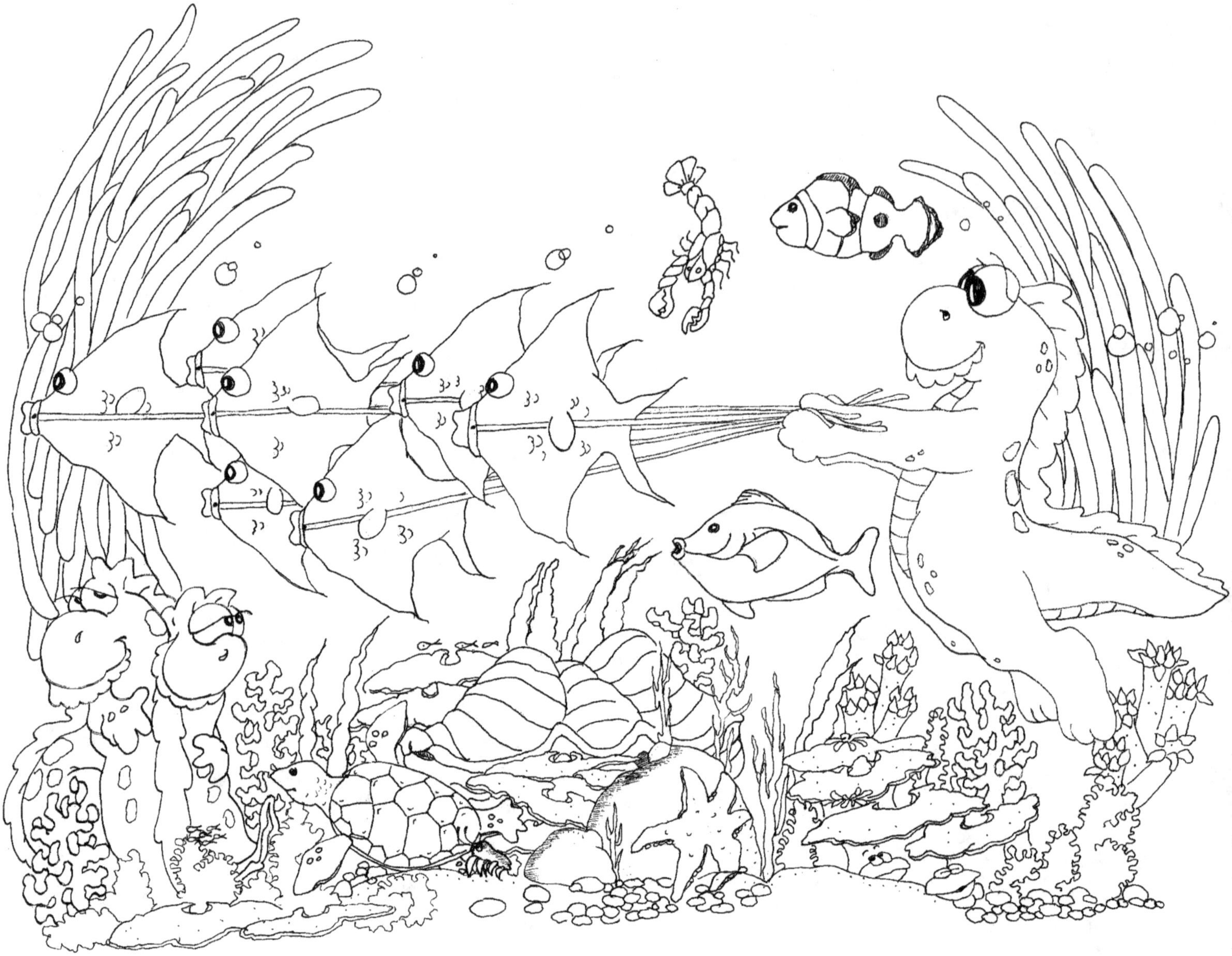

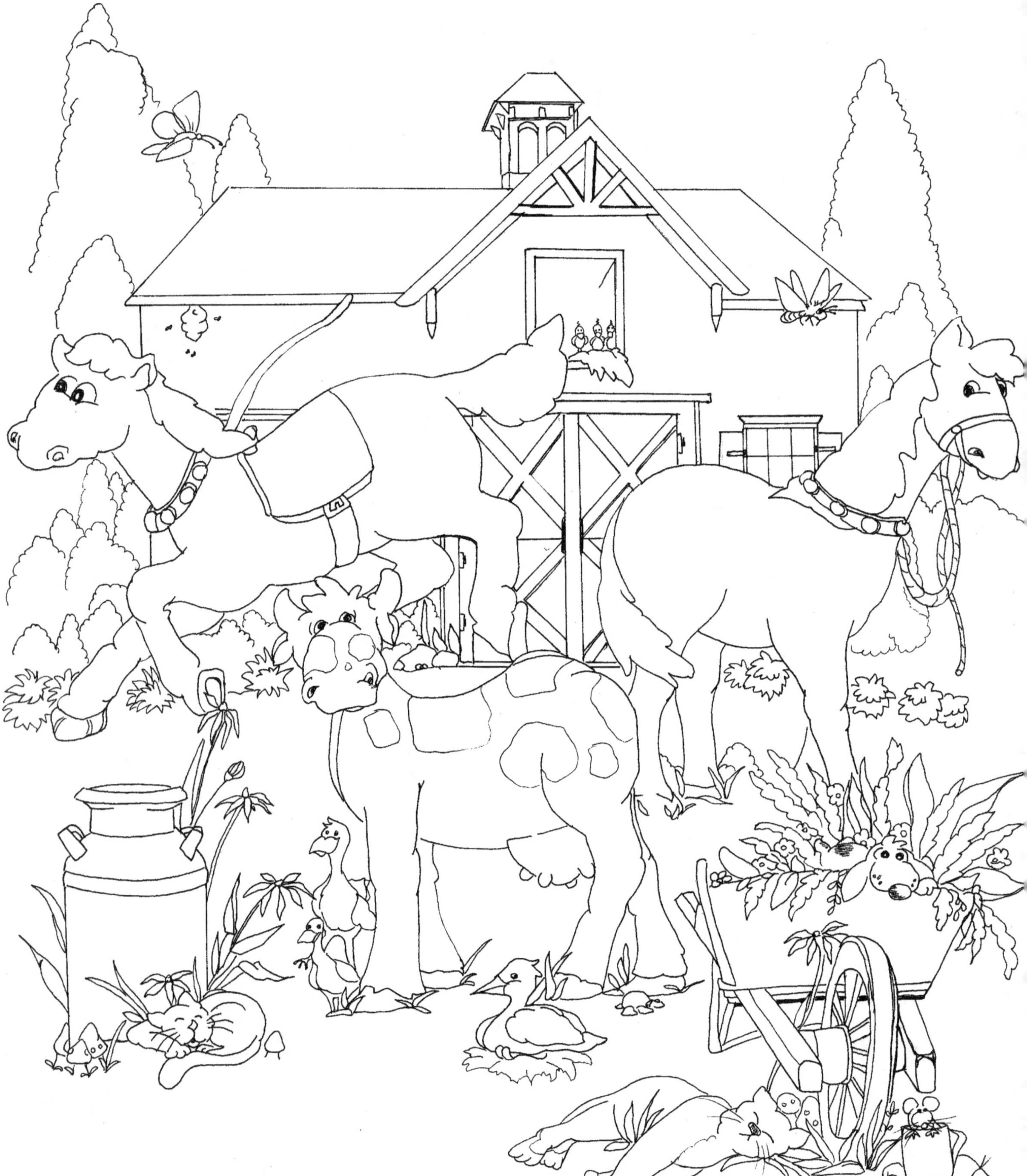

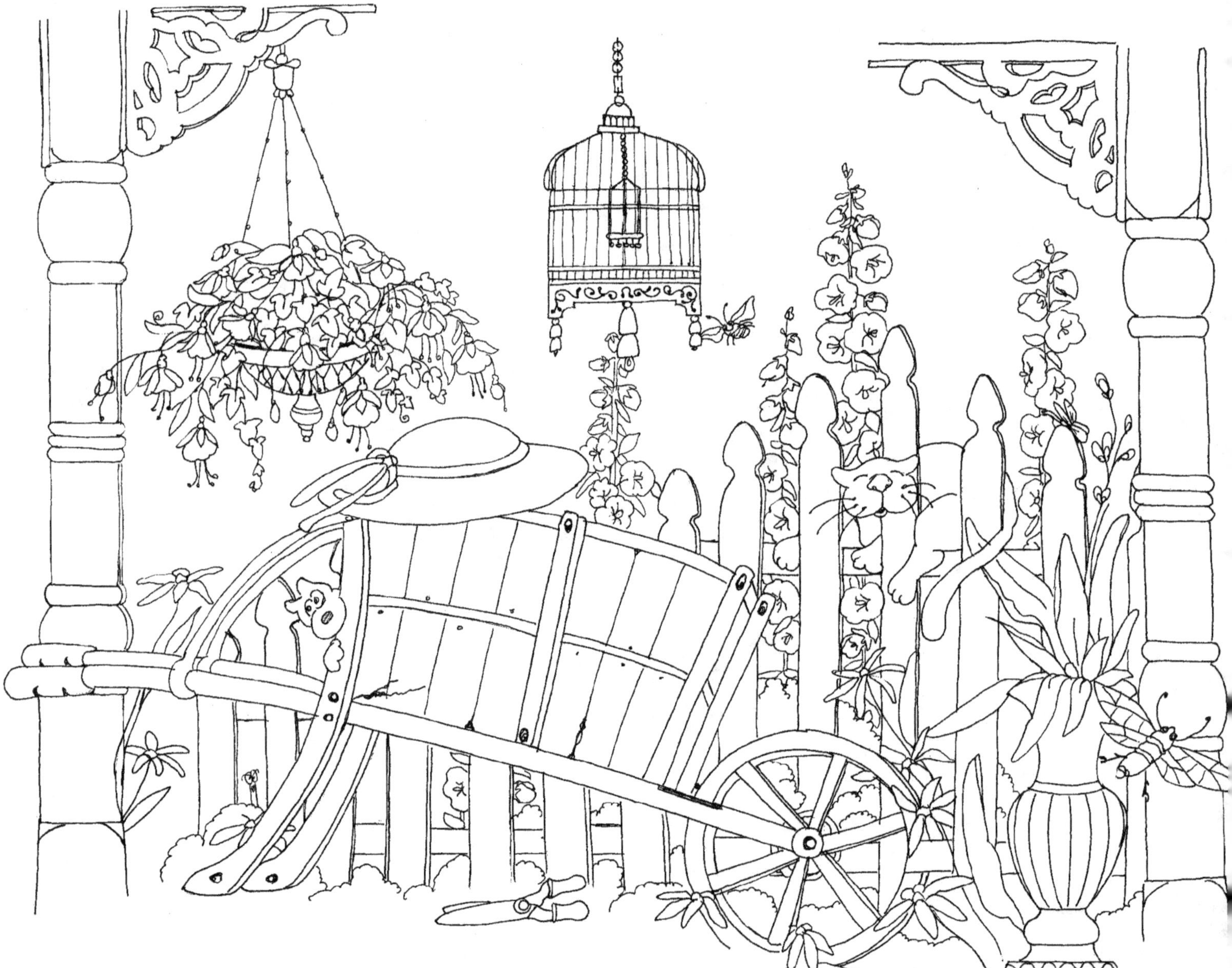

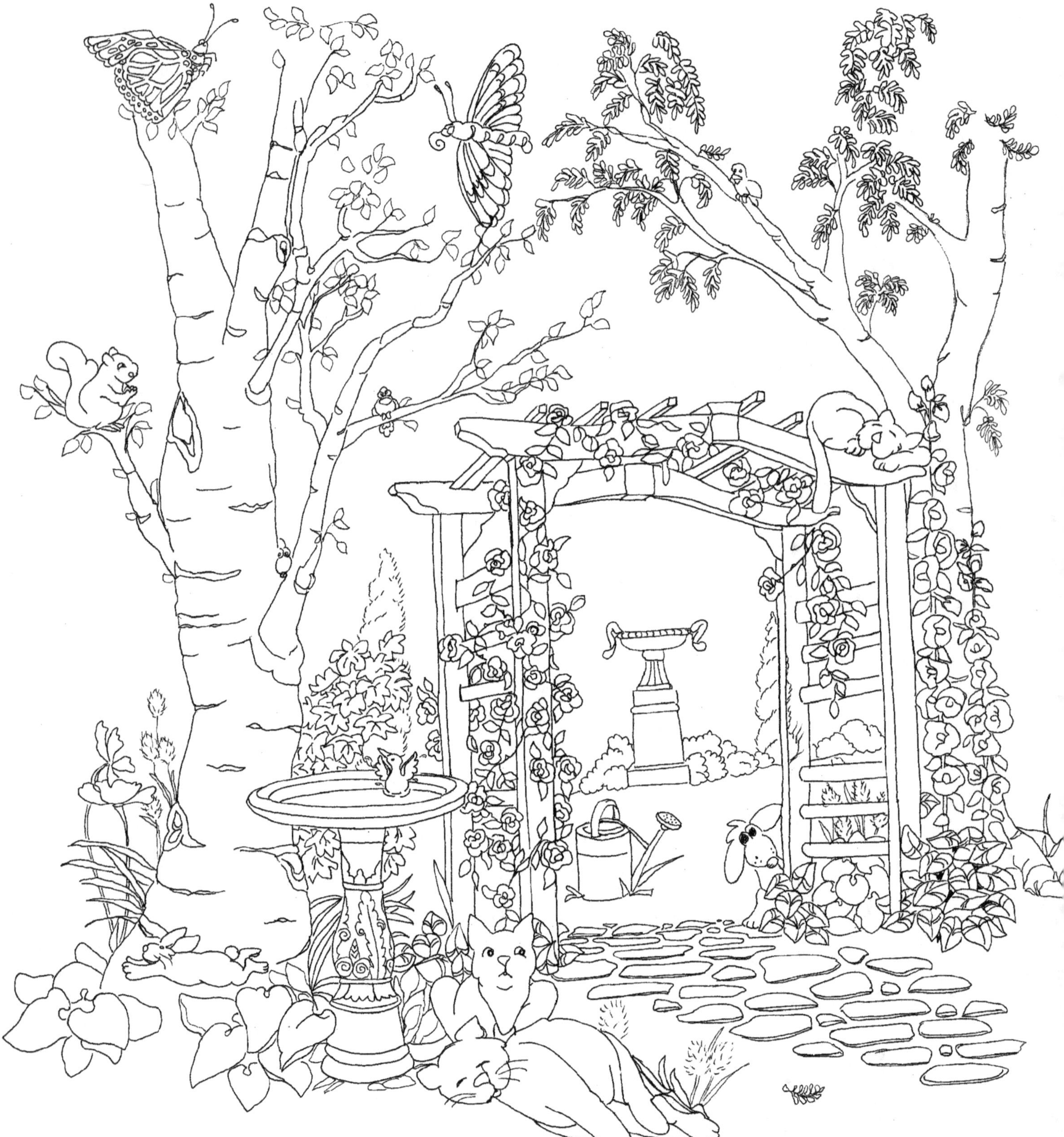

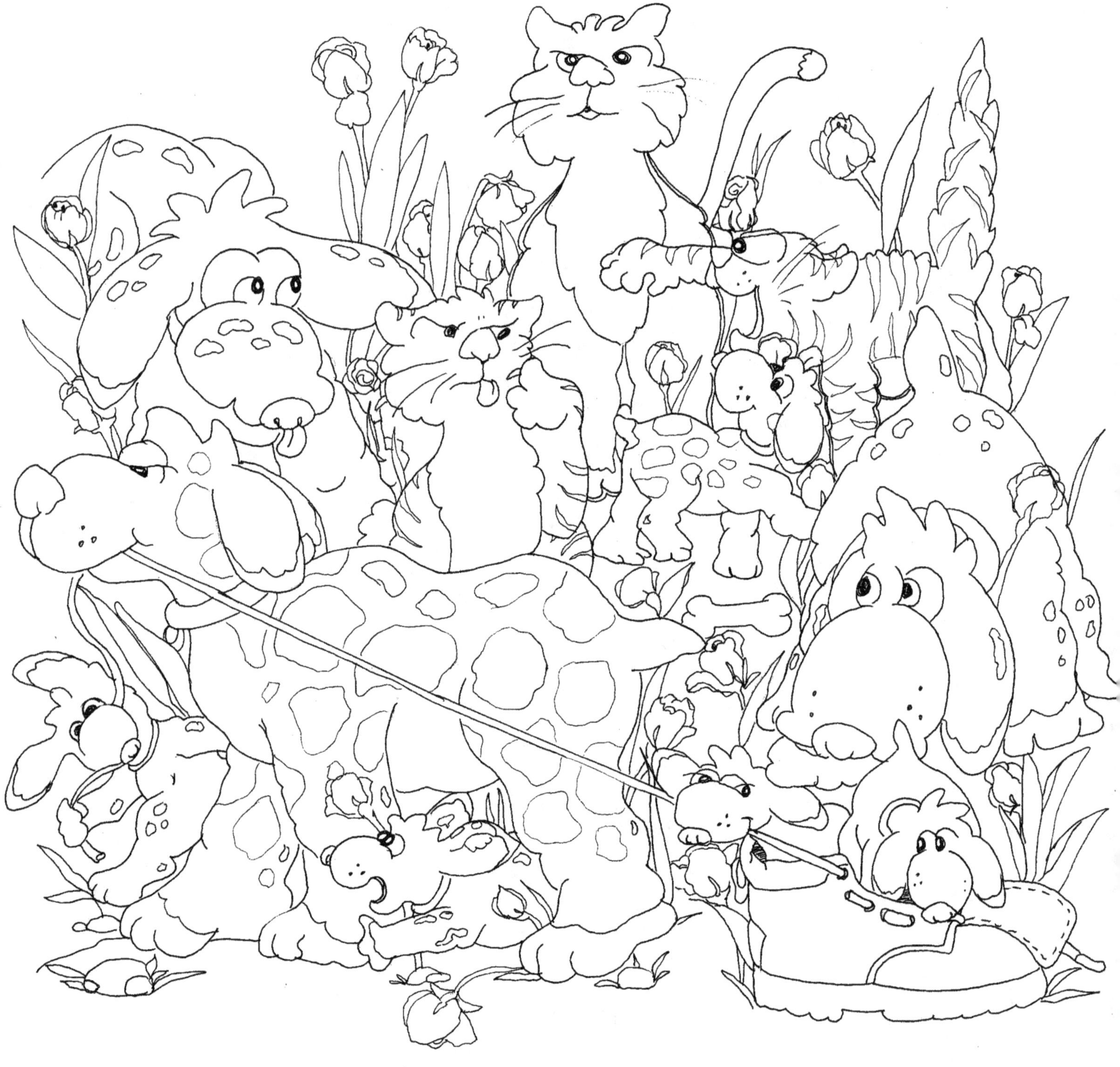

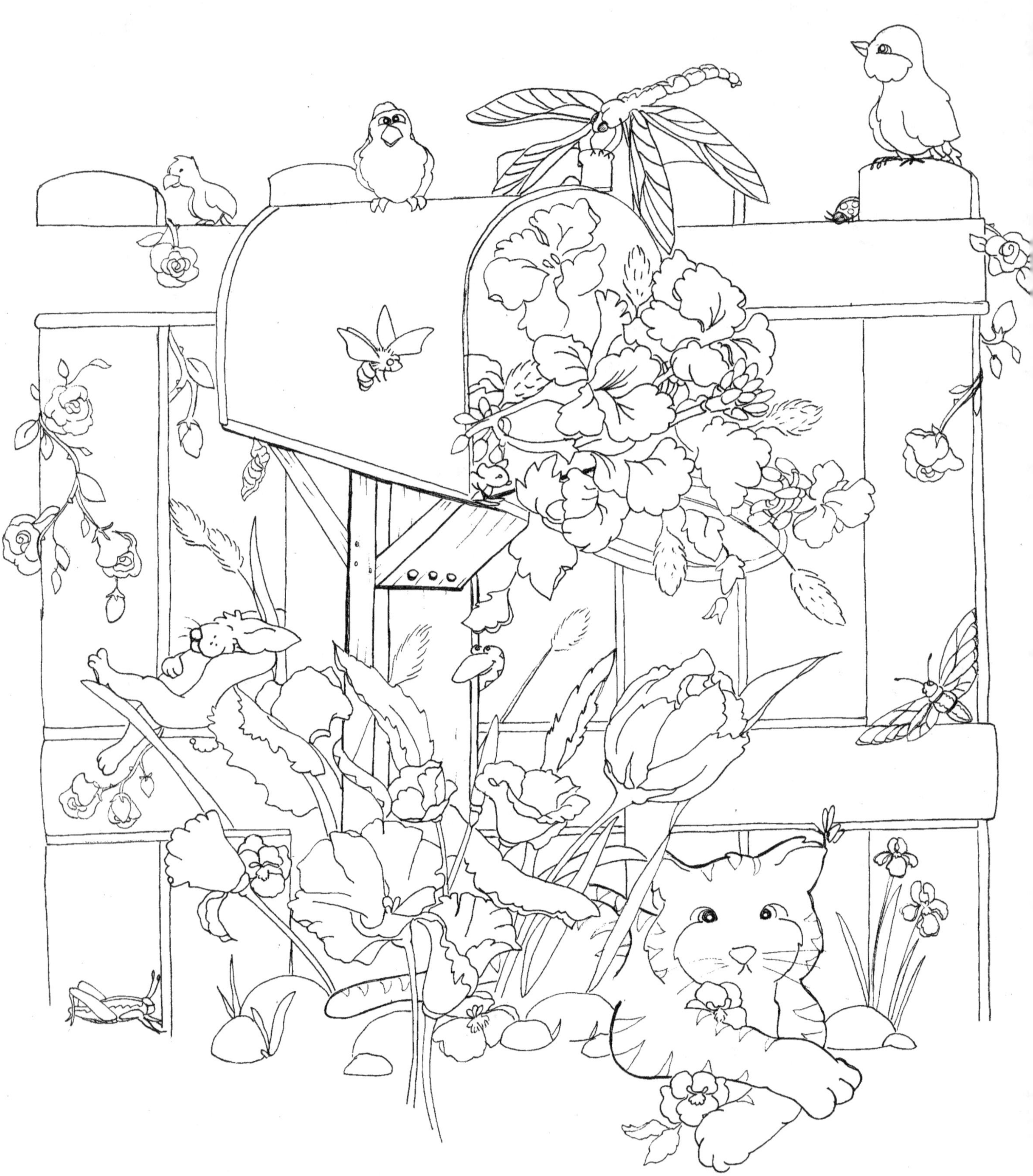

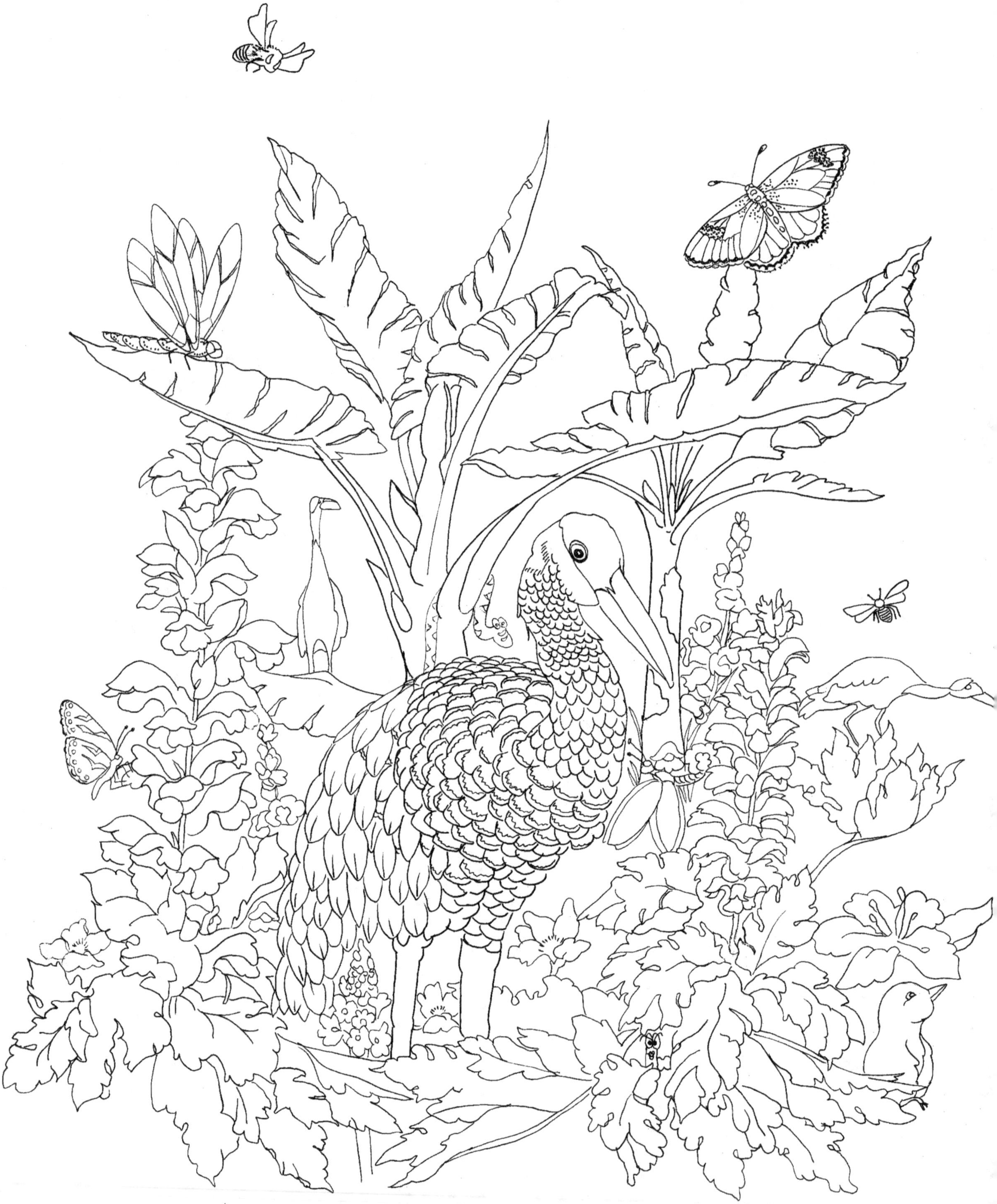

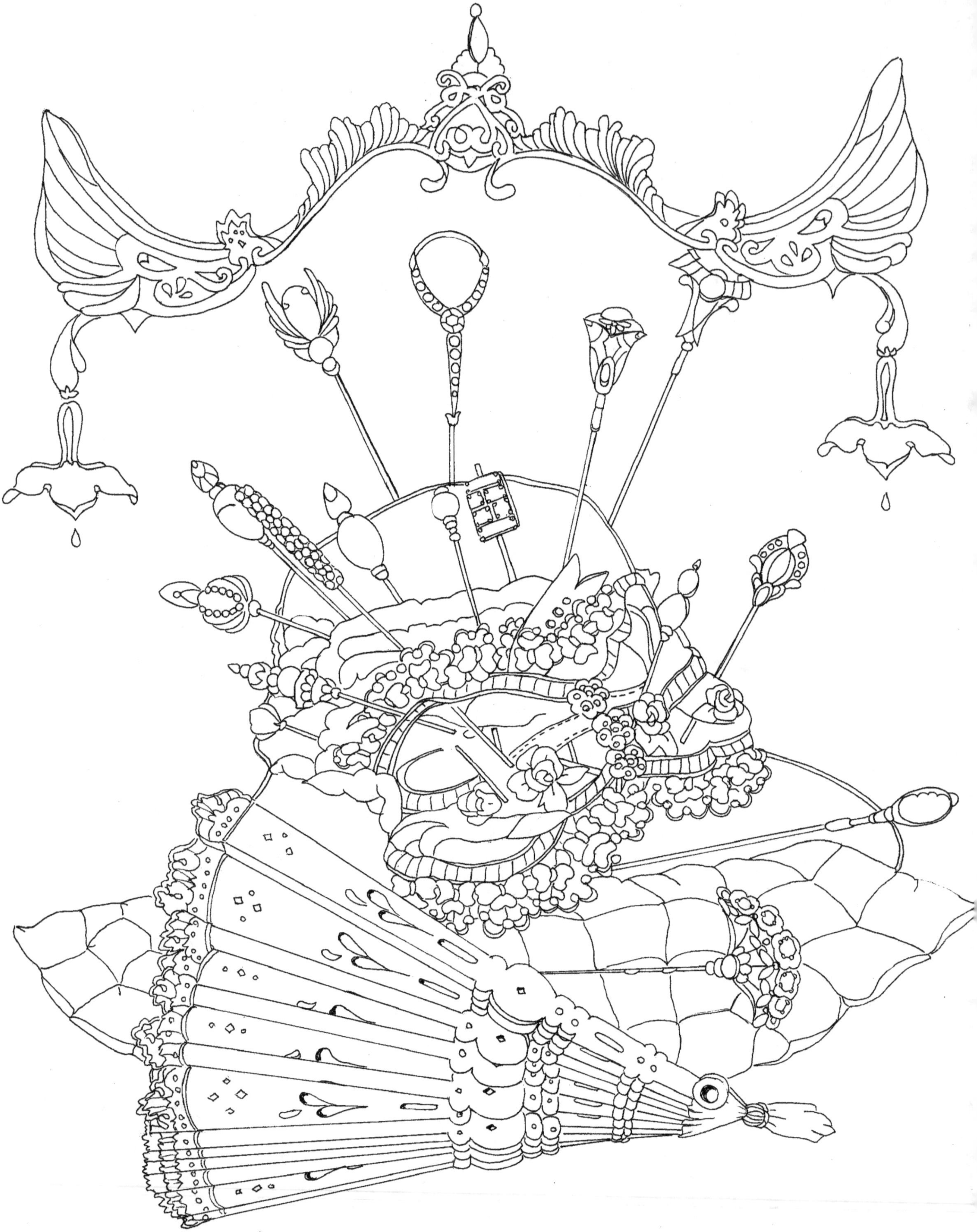

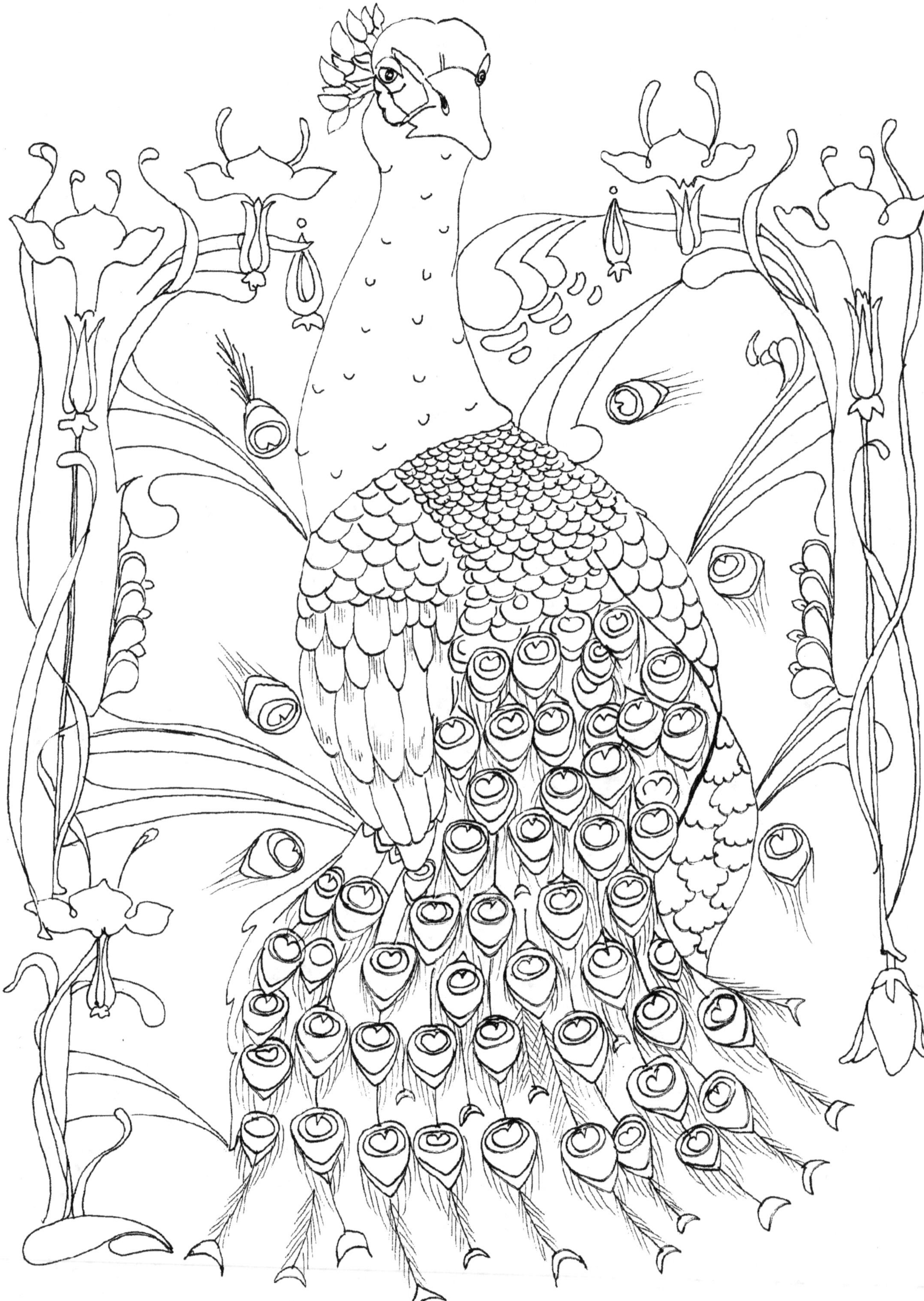

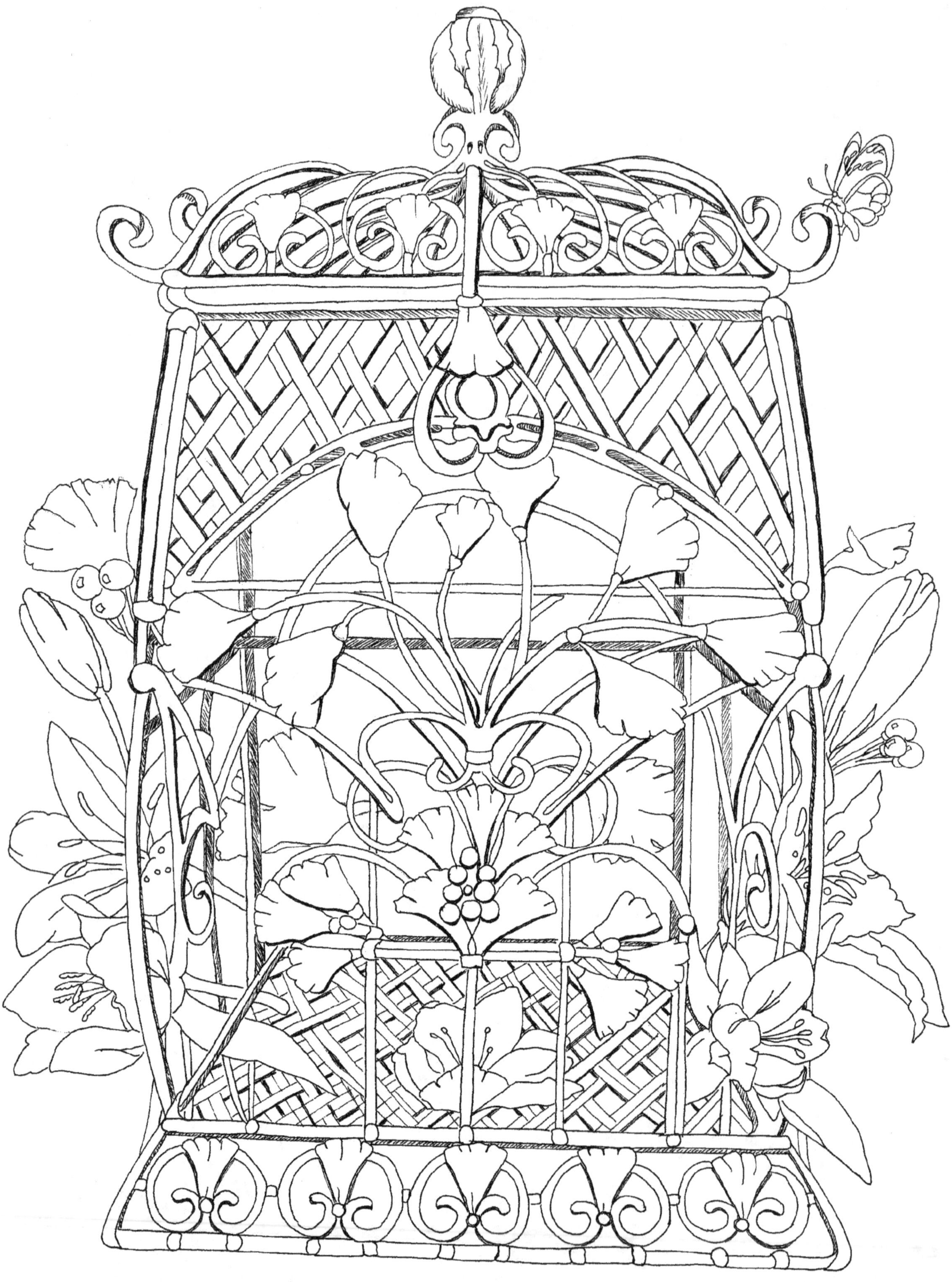

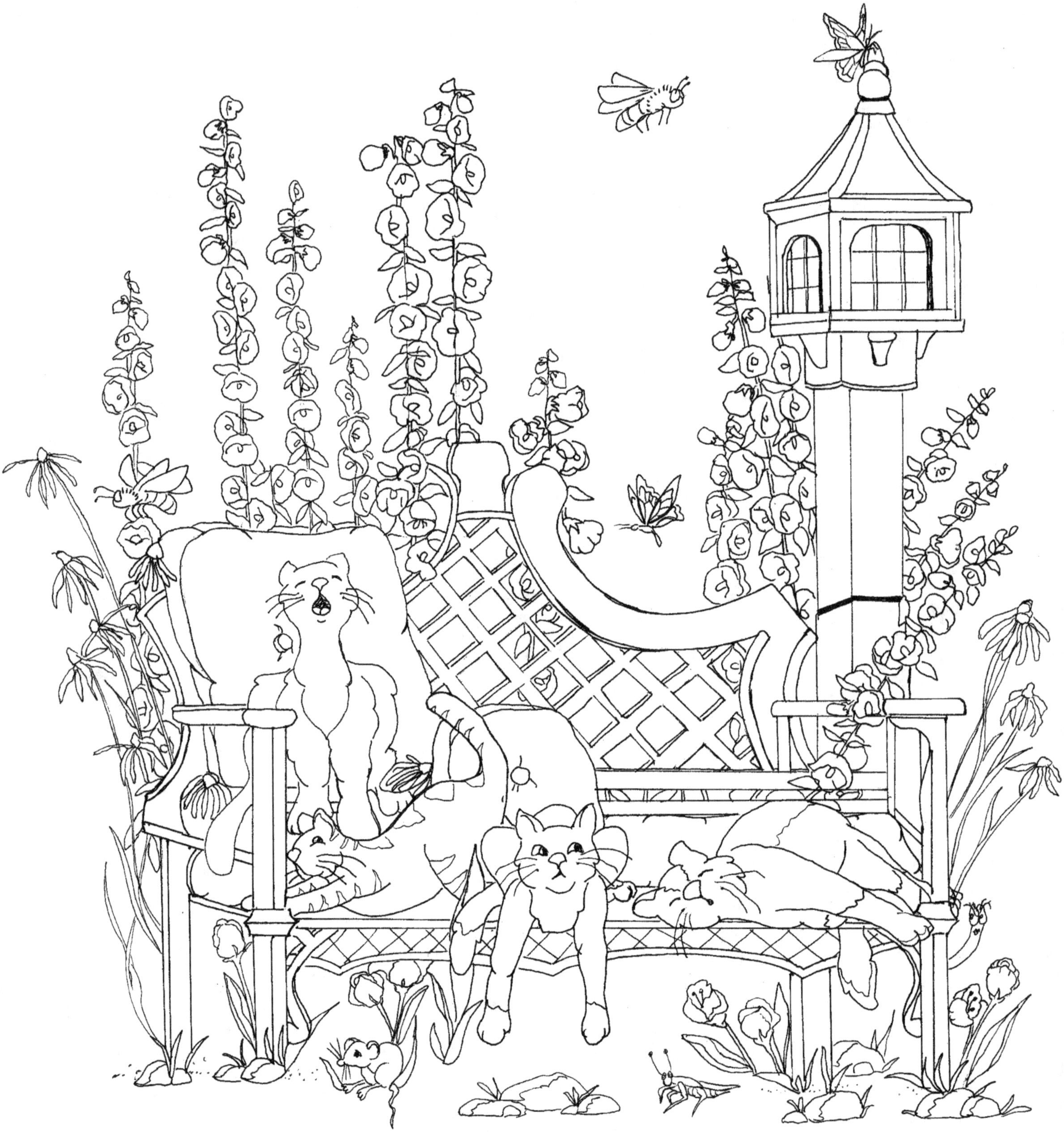

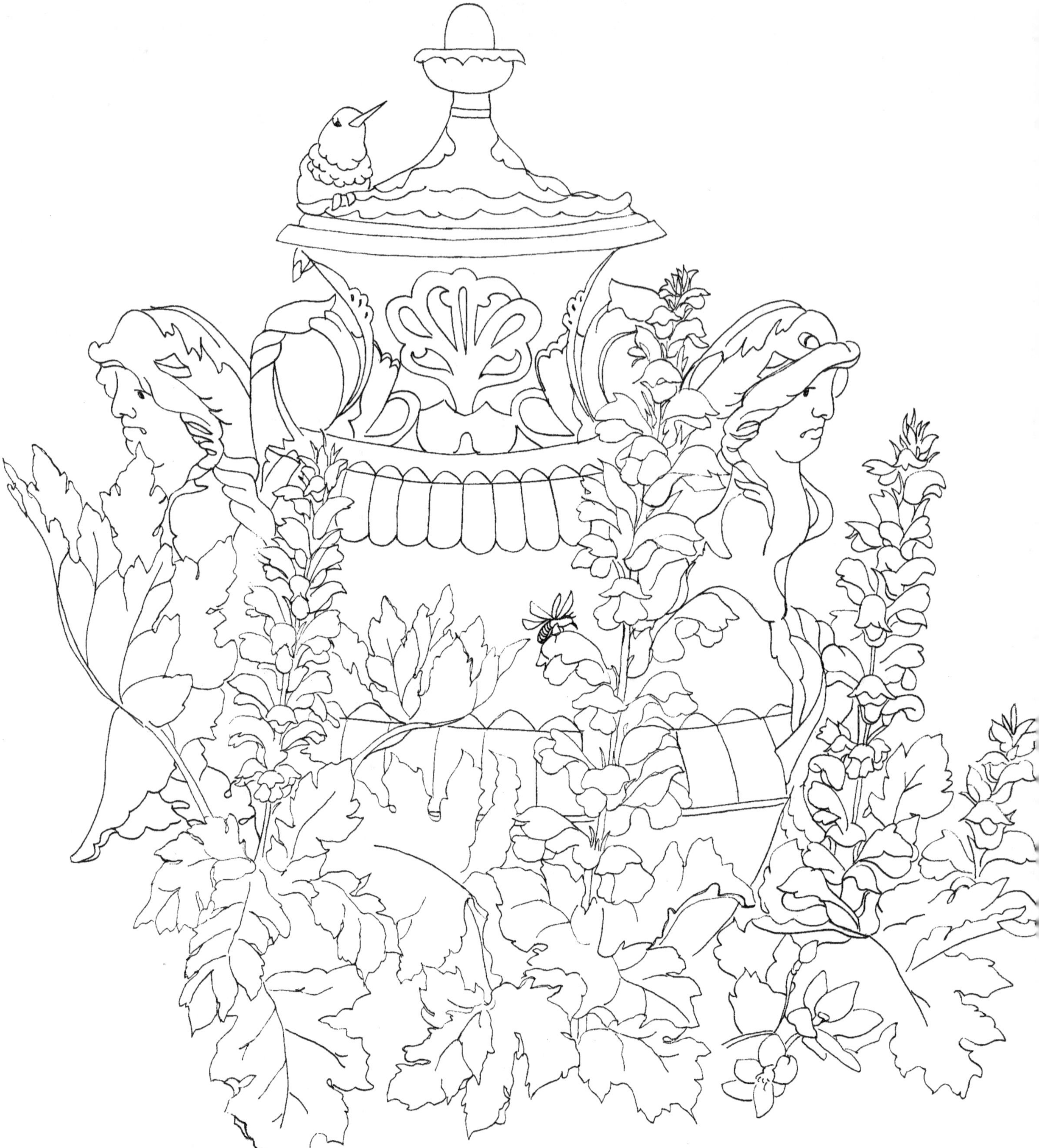

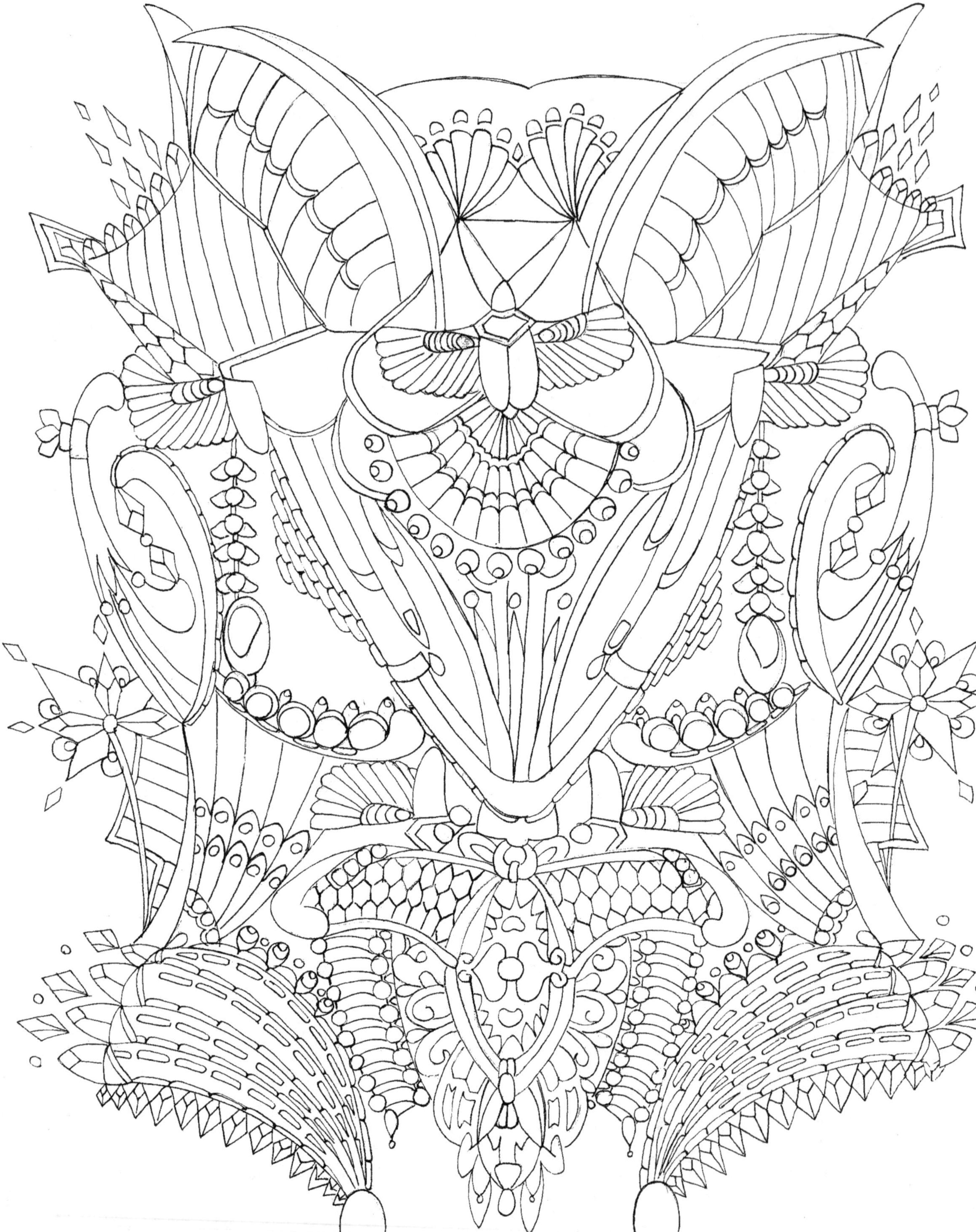

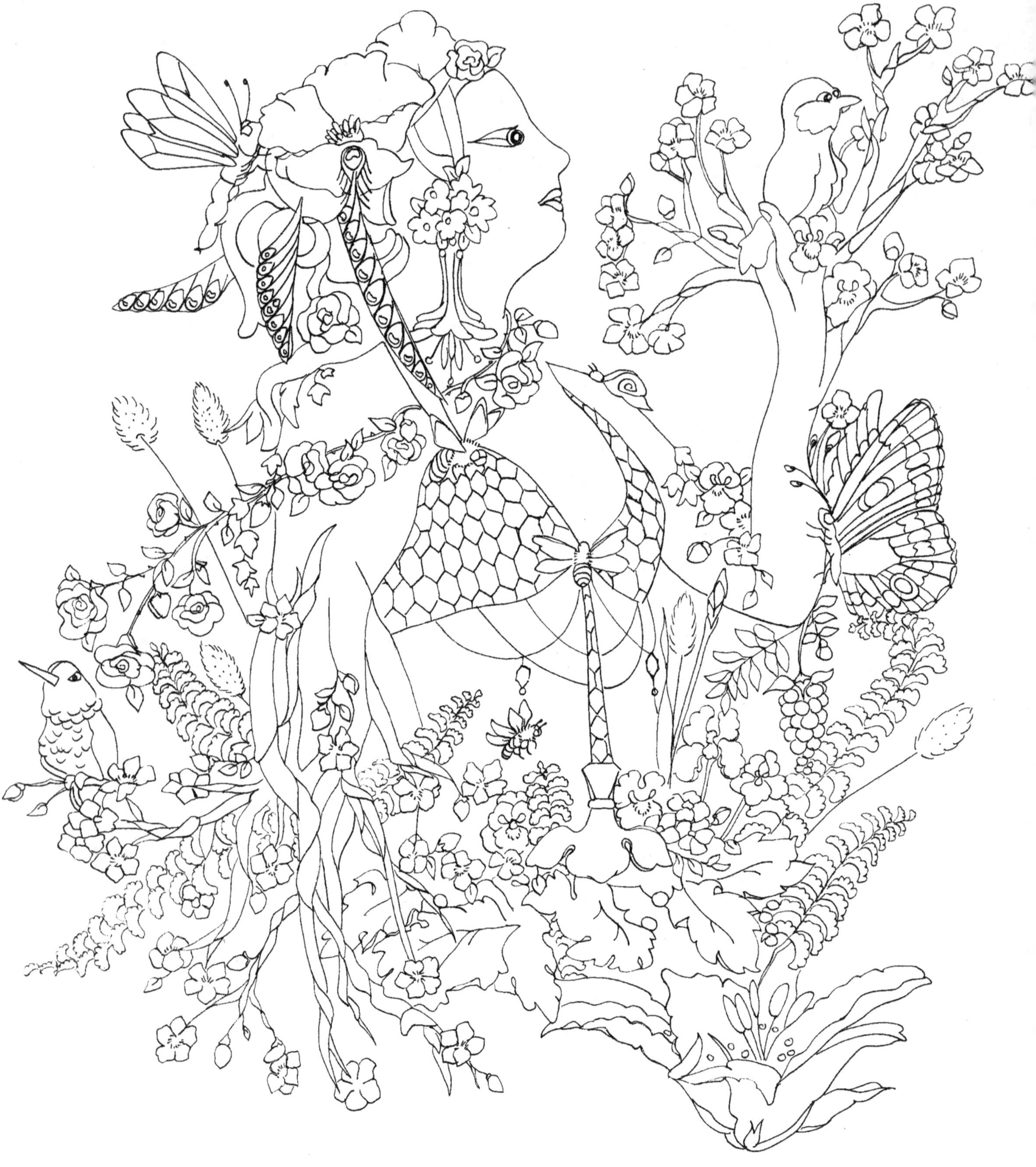

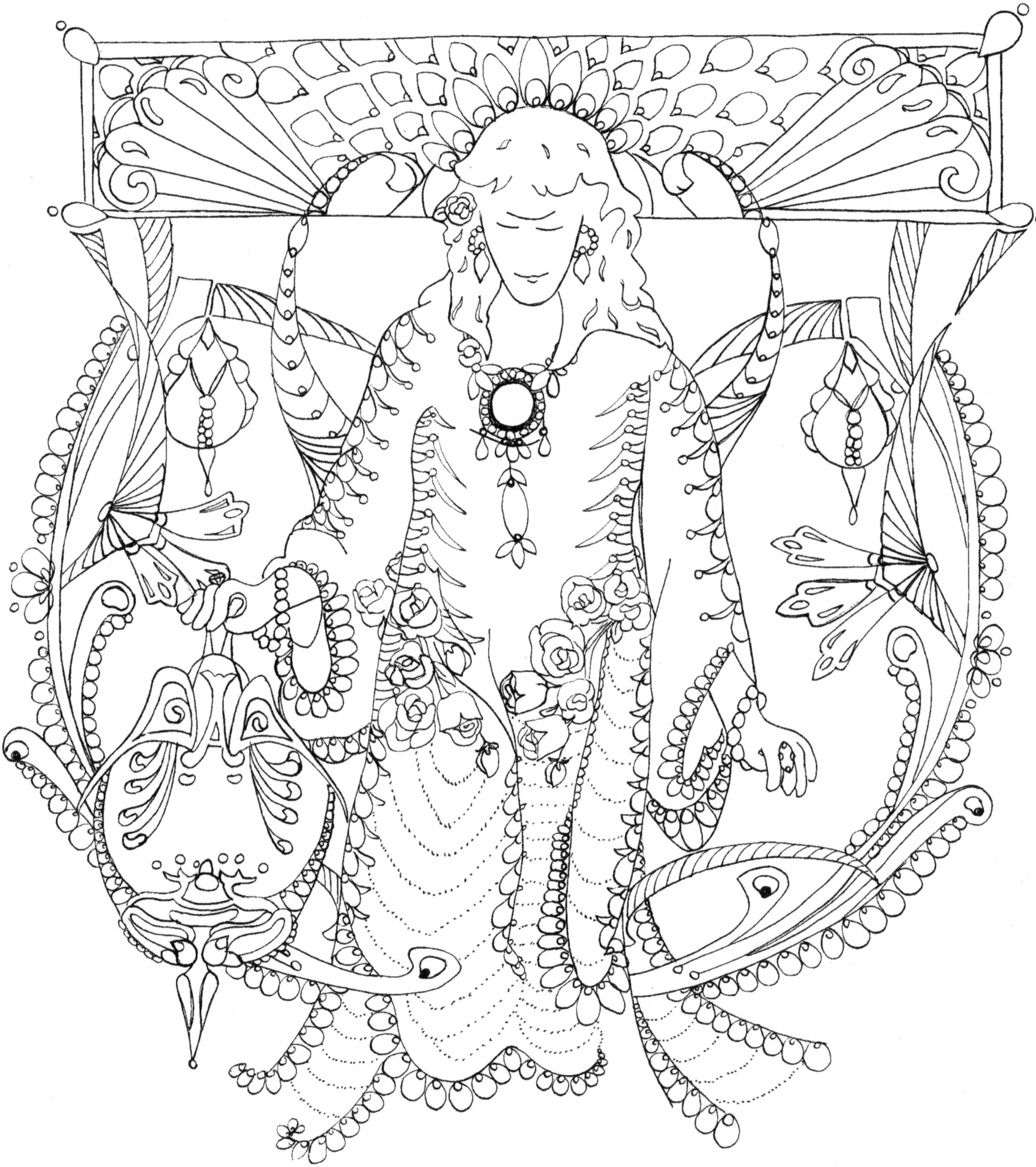

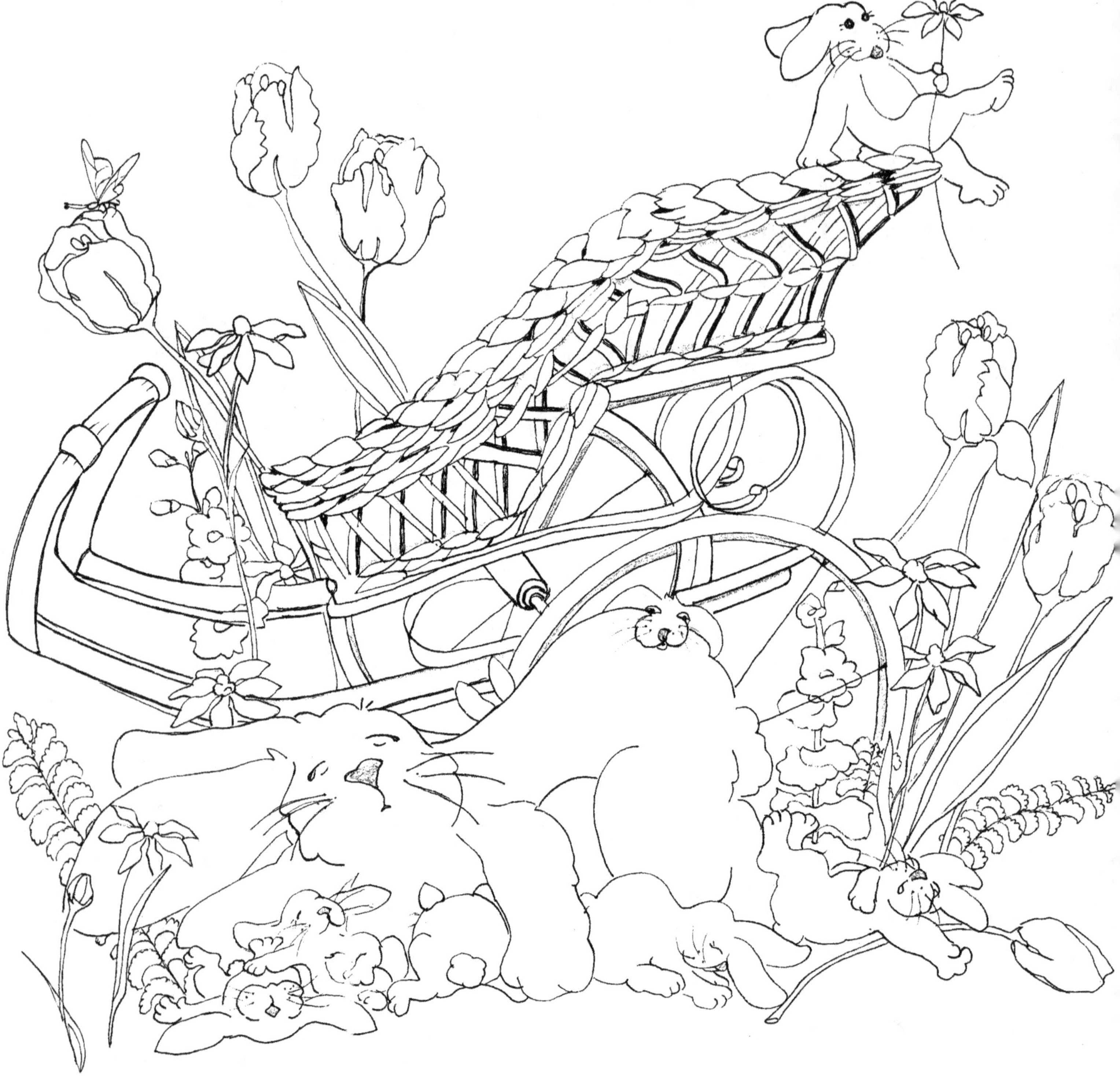

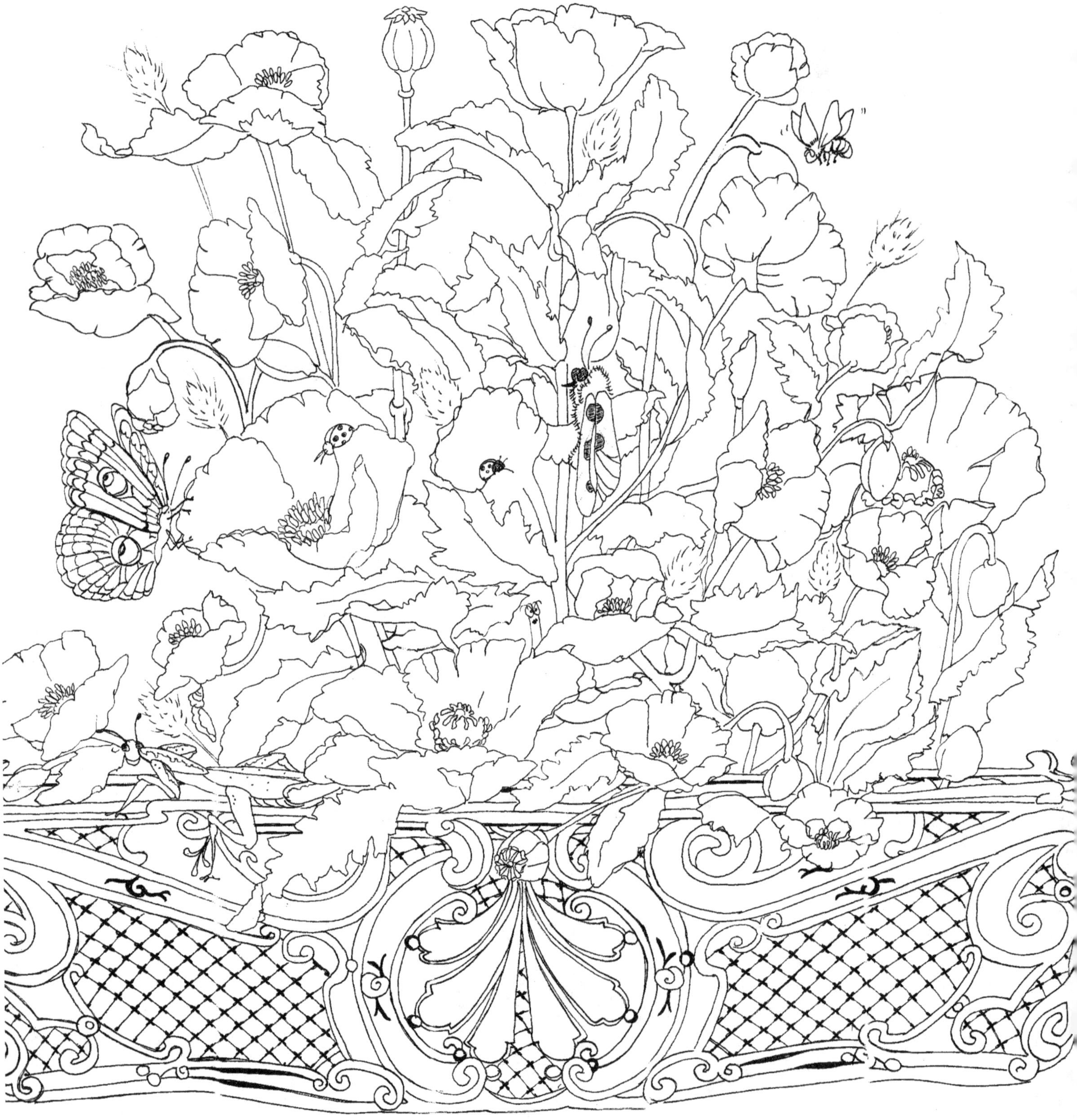

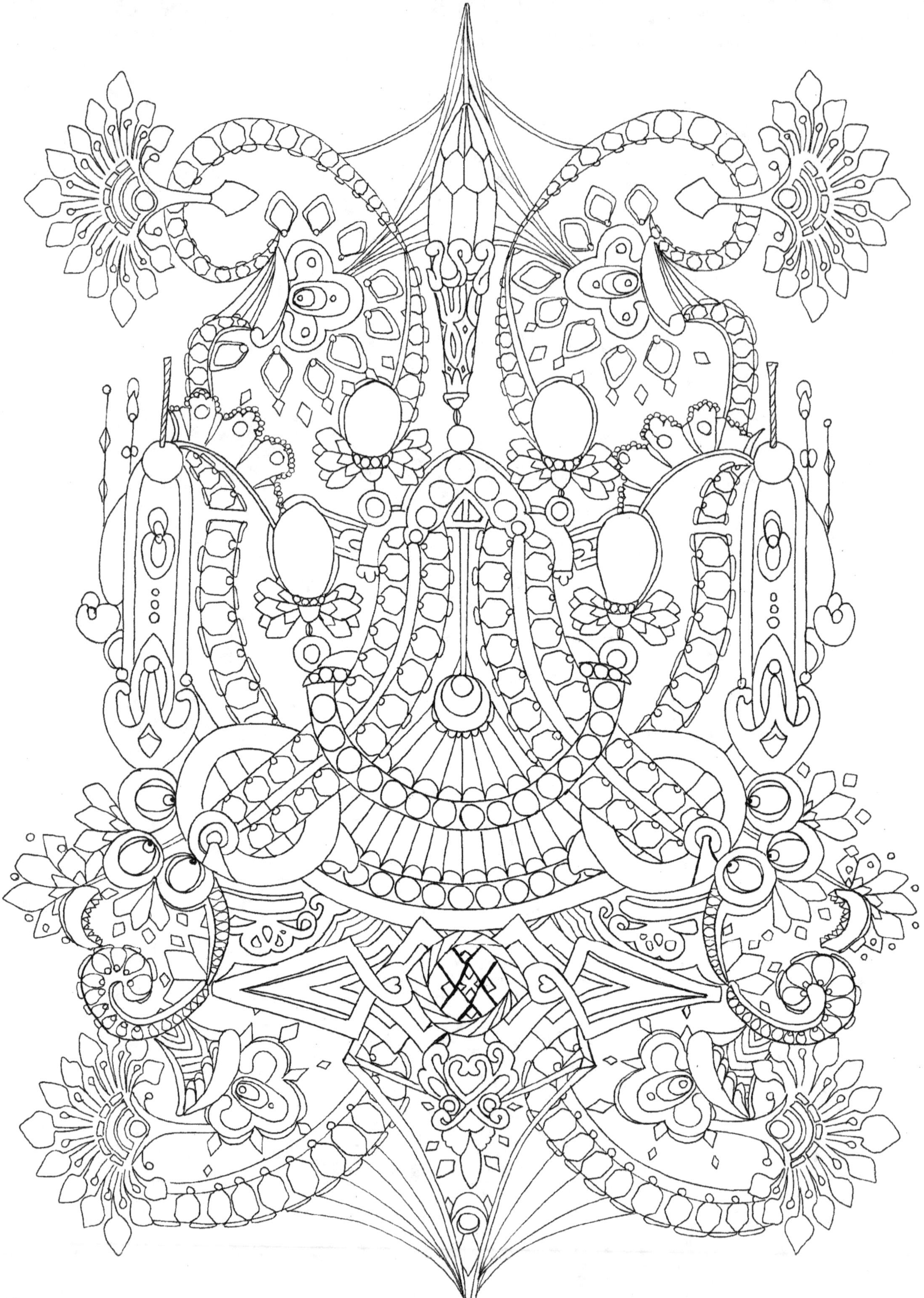

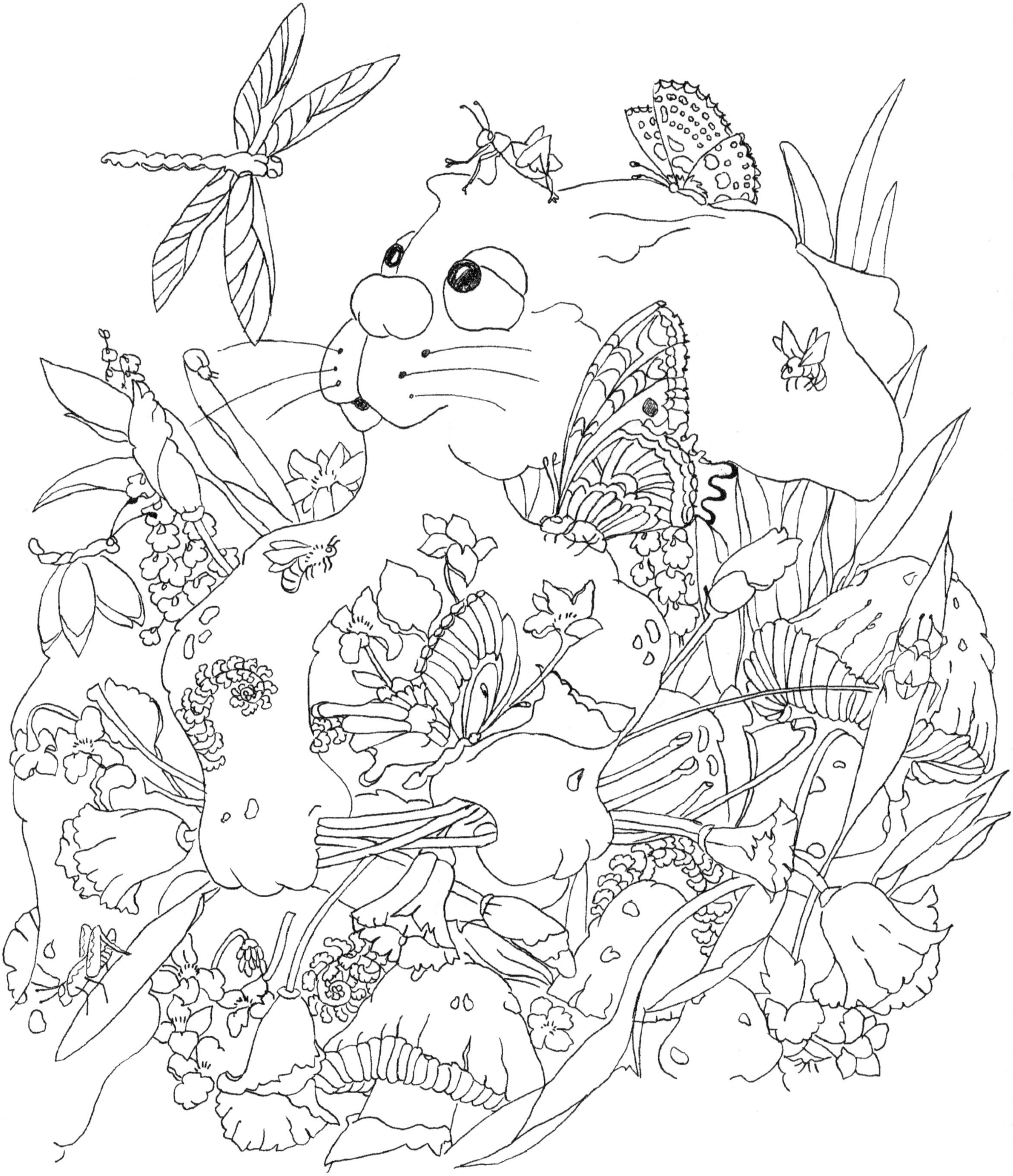

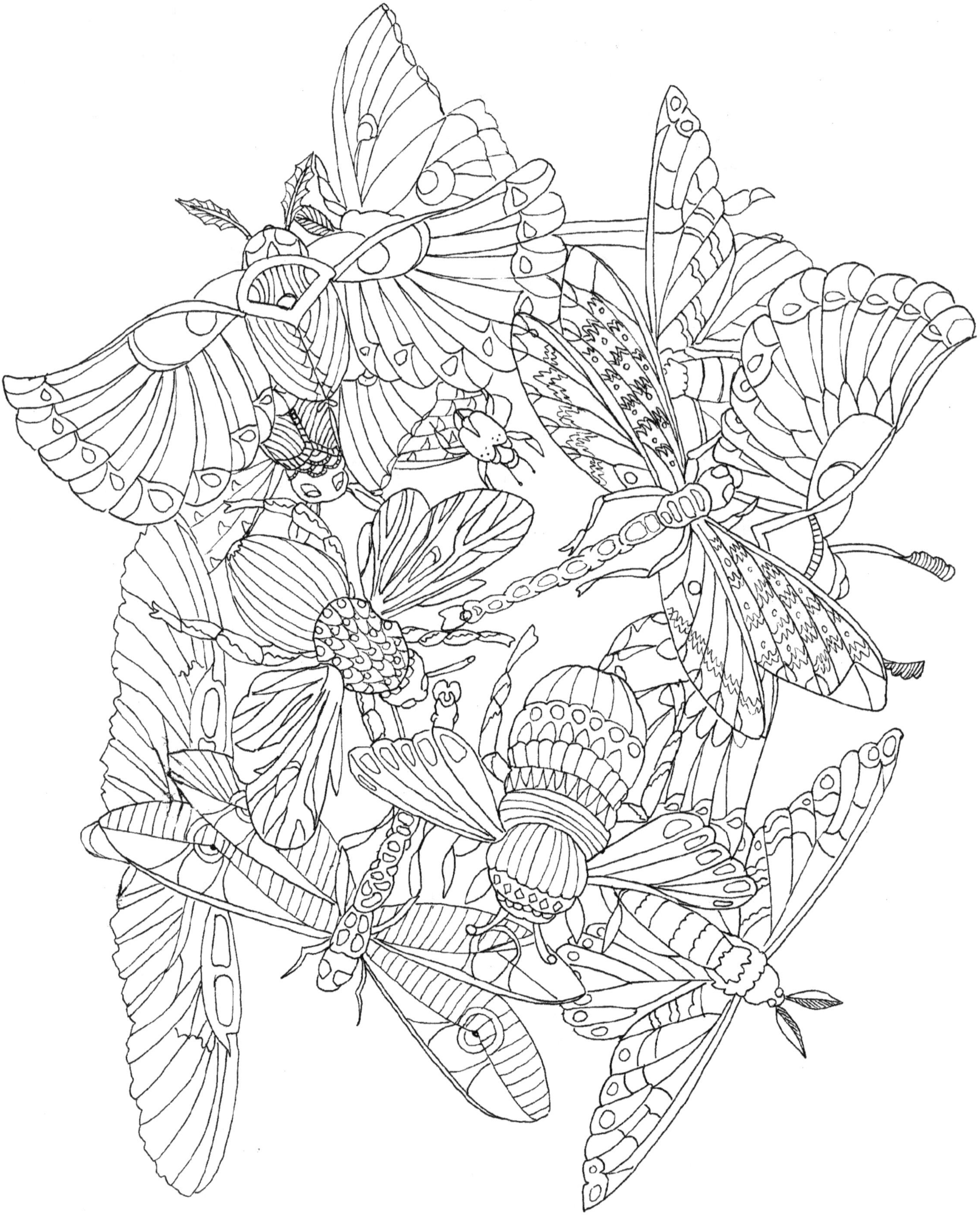

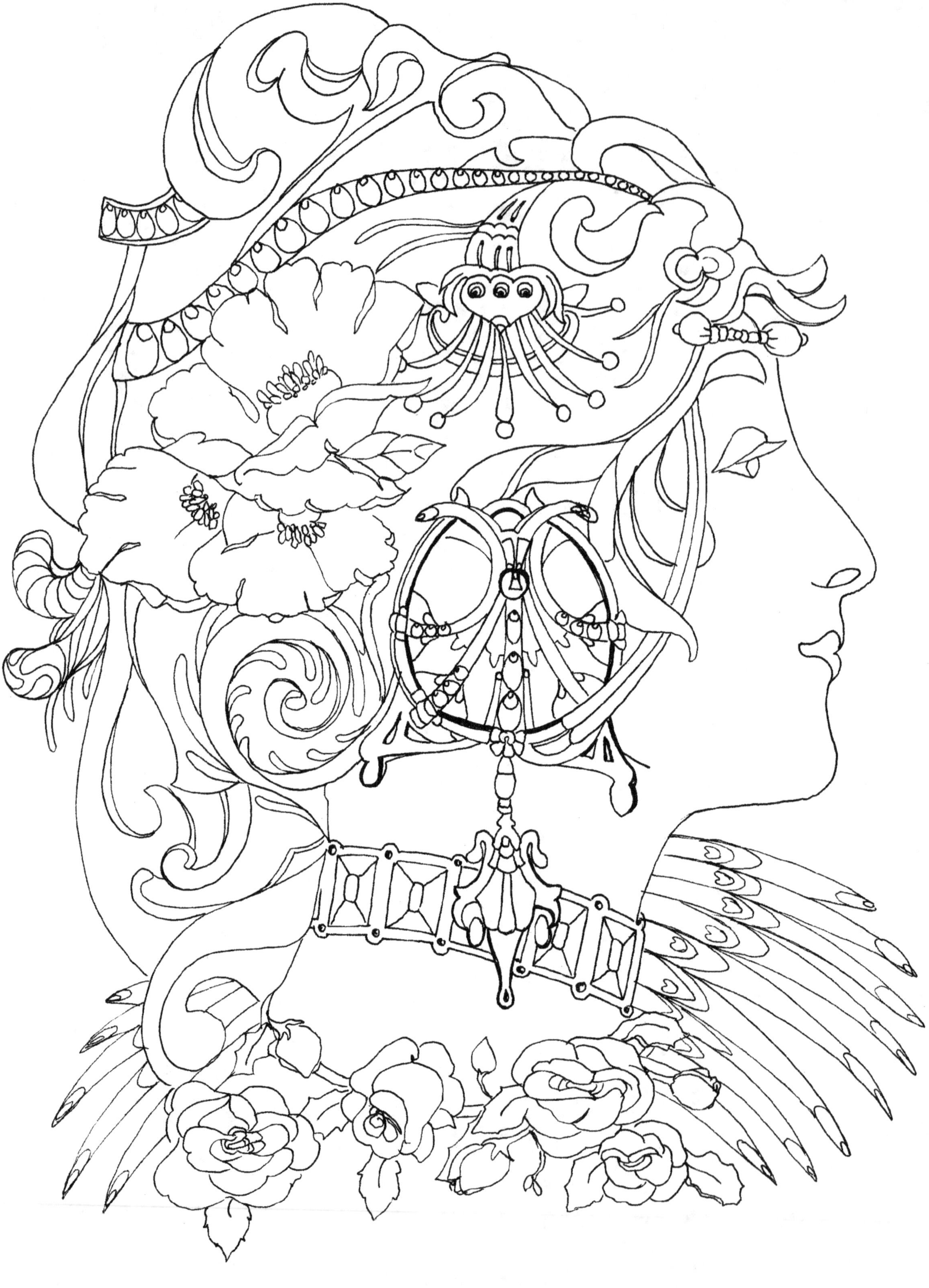

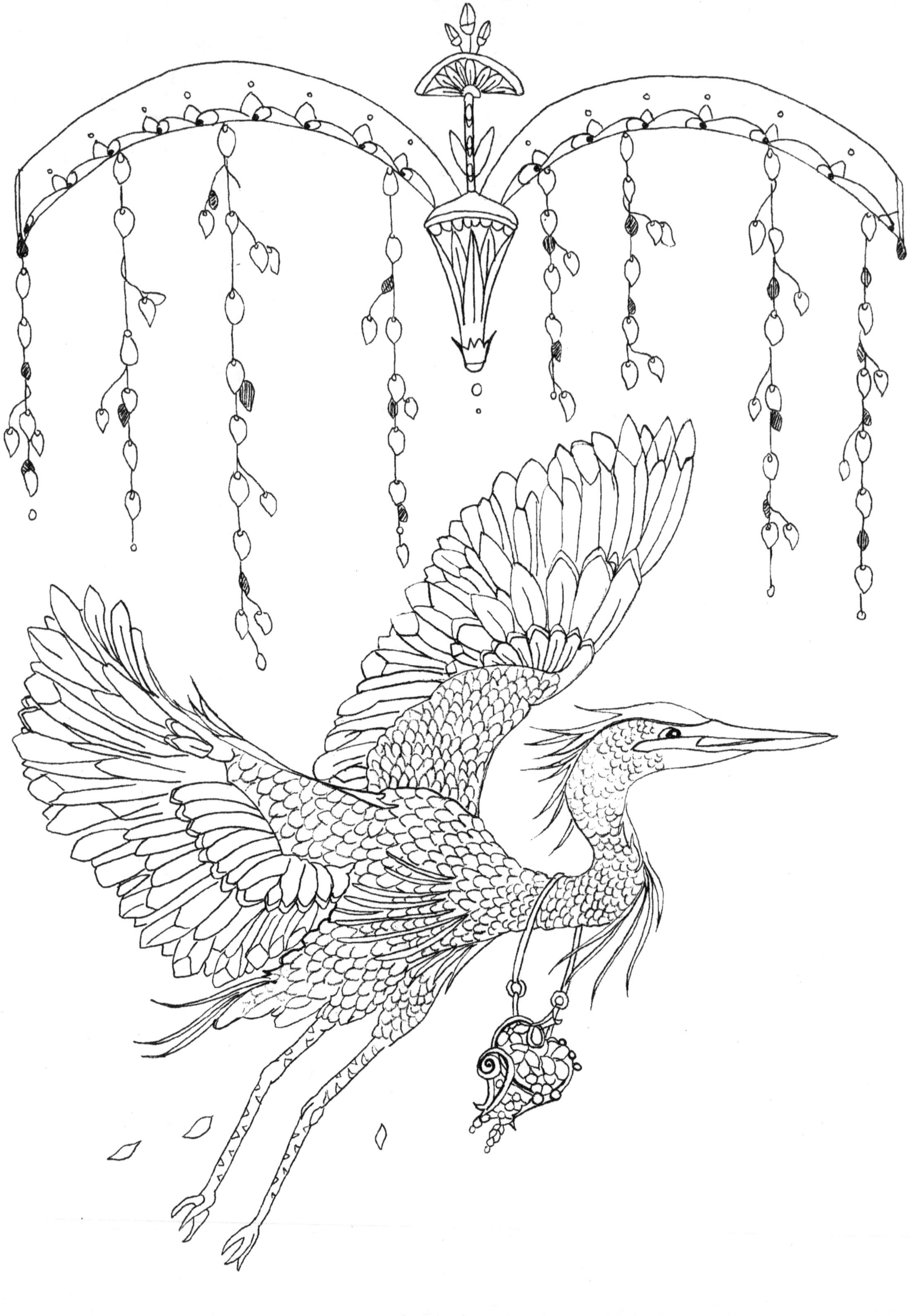

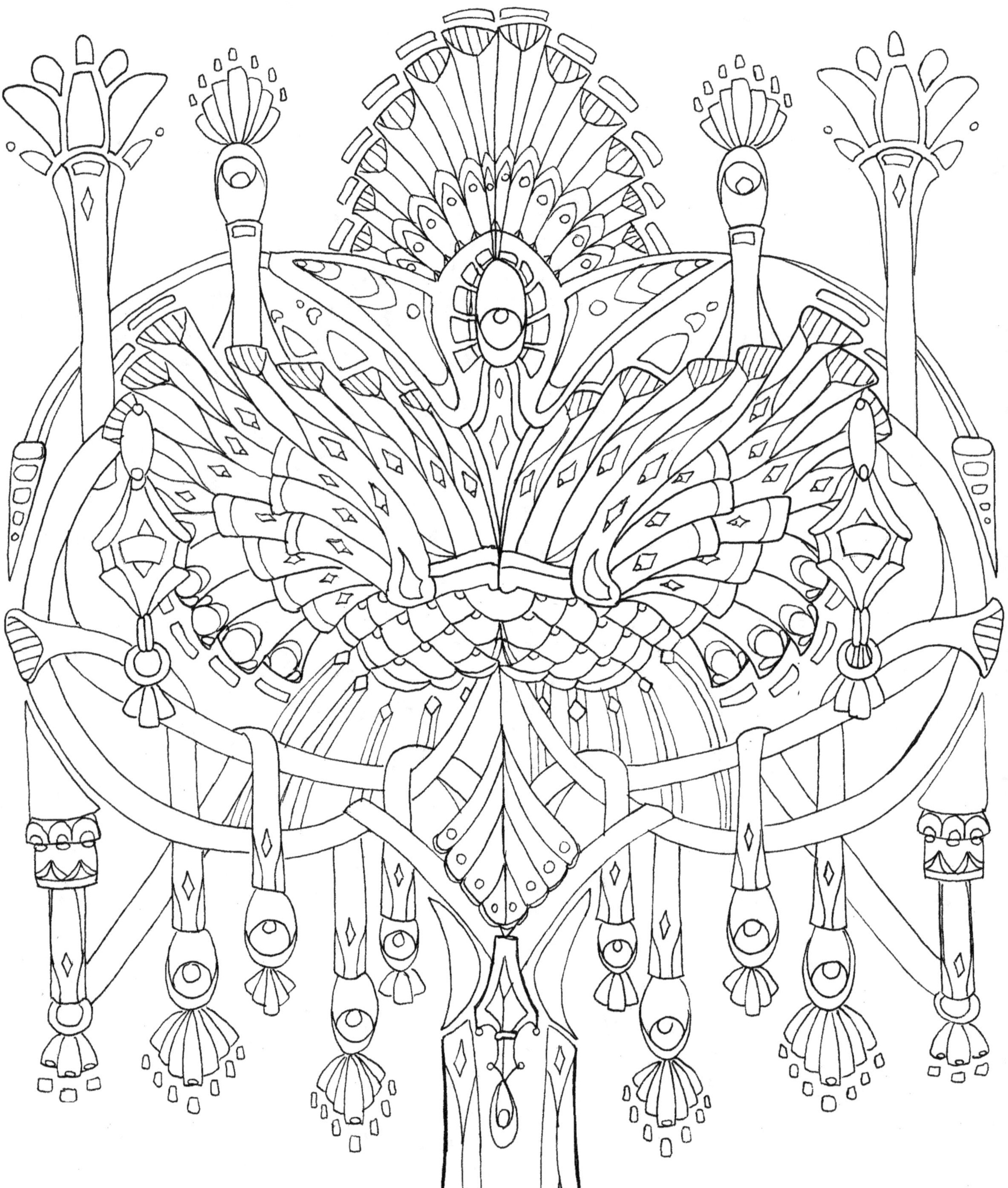

www.ingramcontent.com/pod-product-compliance
Lightning Source LLC
Chambersburg PA
CBHW081208180526
45170CB00006B/2263
* 9 7 8 1 5 4 5 4 8 9 9 9 4 *